AF637774

Carl-Auer

Fachbücher für jede:n

Siegfried Essen

METANOIA – SICH SELBST UND DIE WELT NEU DENKEN

EINE ANLEITUNG ZUM BEWUSSTSEINSWANDEL

Zweite Auflage, 2025

Reihe „Fachbücher für jede:n“
Reihengestaltung und Satz: Nicola Graf, Freinsheim, www.nicola-graf.com
Umschlaggestaltung: Heinrich Eiermann
Umschlagfoto: © pixabay
Redaktion: Dr. Eva Dempewolf

Printed in Germany
Druck und Bindung: CPI books GmbH, Leck

MIX
Papier | Fördert gute Waldnutzung
FSC® C083411

Zweite Auflage, 2025
ISBN 978-3-8497-0397-4 (Printausgabe)
ISBN 978-3-8497-8333-4 (ePUB)

Bibliografische Information der Deutschen Nationalbibliothek:
Die Deutsche Nationalbibliothek verzeichnet diese Publikation in der Deutschen Nationalbibliografie; detaillierte bibliografische Daten sind im Internet über http://dnb.d-nb.de abrufbar.

Informationen zu unserem gesamten Programm, unseren Autoren und zum Verlag finden Sie unter: **www.carl-auer.de**.
Dort können Sie auch unseren Newsletter abonnieren.

Carl-Auer Verlag GmbH
Vangerowstraße 14 · 69115 Heidelberg
Tel. +49 6221 6438-0 · Fax +49 6221 6438-22
info@carl-auer.de

INHALT

Was erwartet dich in diesem Buch?

Du bist unzufrieden mit deiner Gesundheit, mit deinem Einkommen, mit der Liebe, mit deinem Zeitmanagement, mit deinem Schlaf, mit deiner Ausstrahlung, mit deinem Selbstwertgefühl, mit deiner Führungsqualität? Du bist unzufrieden mit zwei oder drei dieser Dinge gleichzeitig oder vielleicht mit allen zusammen? Du kannst mir das sicher auch begründen, und ich werde mich hüten, mit dir über die Gründe zu diskutieren.

Du hast auch mit Sicherheit schon viel nach den Ursachen geforscht und viel ausprobiert: mit der Ernährung, mit Partnern, mit dem Selbstwertgefühl, mit Therapeuten, Gurus, Coachings und guten Büchern. Es hat alles immer nur ein wenig geholfen und ist schnell wieder verflogen (wie unsere Konsumgesellschaft es sich wünscht).

In diesem Buch schlage ich dir nicht vor, noch etwas Neues, Besseres auszuprobieren, sondern bei all diesen Schritten dein grundlegendes Denken zu untersuchen und – ob du's glaubst oder nicht – auch zu bezweifeln!

Steckt nicht hinter all diesen Besserungsvorschlägen – ob sie nun von innen oder von außen kommen – der Gedanke, dass es nicht gut ist, so wie es ist? Und wäre es nicht interessant, diesen Gedanken mal infrage zu stellen? Ist zum Beispiel dein Leben oder dein Körperzustand wirklich so schlecht, wie du es dir morgens beim Aufwachen fast automatisch vorstellst, einfach weil du diesen Gedanken gewohnt bist, so wie das Zähneputzen und das Duschen? Vielleicht könntest du dir für den Anfang einen zweiten Wecker neben den ersten stellen, der dich erinnert: »Denk mal etwas Neues!« Oder: »Denk mal an etwas, wofür du dankbar sein könntest!«

Und wenn du so etwas Gutes gefunden hast – aber das wäre schon ein effektiver Praxisvorschlag, eine echte Meditation –, dann könntest du diesen positiven Gedanken so lange wiederholen, bis sich das entsprechende Gefühl einstellt, zum Beispiel Freude oder Leichtigkeit oder Entspannung.

Finde eine Praxis, wie du dir das Leben erleichtern kannst, indem du dich selbst und die Welt neu denkst und anders wahrnimmst.

Jesus Christus hat das mit der Aufforderung zur Metanoia beschrieben, zur »Umkehr im Denken und Wahrnehmen«.

Glaube nicht alles, was du denkst. Im Gegenteil: Bezweifle erst einmal dein Denken und behalte (glaube) nur das, was dir guttut.

Und Buddha, der andere große Erleuchtete der Menschheit, sagte:

> » *Wir sind, was wir denken.*
> *Alles, was wir sind, entsteht mit unseren Gedanken.*
> *Mit unseren Gedanken schaffen wir die Welt.*
> *Sprich oder handle mit einem unreinen Geist,*
> *Und Schwierigkeiten werden dir folgen*
> *wie das Rad dem Ochsen, der den Karren zieht.*
>
> *Wir sind, was wir denken.*
> *Alles, was wir sind, entsteht mit unseren Gedanken.*
> *Mit unseren Gedanken schaffen wir die Welt.*
> *Sprich oder handle mit einem reinen Geist,*
> *Und Glück wird dir folgen*
> *wie dein Schatten, unerschütterlich.* «[1]

Woher weiß ich aber, was mir guttut, welche Gedanken einem reinen Geist entspringen und welche einem unreinen Geist?

Dafür hast du ein untrügliches Instrument an der Hand: deinen Körper! Er reagiert auf die Gedanken sofort und unmittelbar: mit Angst oder Entspannung, mit Luftanhalten oder Aufatmen, mit Gier oder mit Liebe usw. Alfred Adler hat das so ausgedrückt: »Manchmal lügt der Mund oder der Kopf versteht es nicht, aber die Körperfunktionen sagen immer die Wahrheit.«[2]

Wo immer du dieses Buch aufschlägst, geht es um kleine, aber konkrete Schritte des Umdenkens, die für jeden und jede von uns umsetzbar sind. Finde etwas, was für dich funktioniert, und dann praktiziere es, bis es dich erneuert hat, bis du Freude spürst.

Es gibt zwei Glaubenssätze, die ich nicht mehr bezweifle, beziehungsweise die sich durch vieles Bezweifeln für mich als wirklich erwiesen haben. Sie ziehen sich wie ein roter Faden durch dieses Buch, und du kannst alles daran messen.

1. Es gibt ein Ende von Leid. Nicht ein Ende von Schmerz oder Trennung, von physisch und von psychisch schmerzhaften Erfahrungen, aber vom Festhalten daran. (Diesen Glaubenssatz mitsamt der Unterscheidung von Schmerz und Leid fand ich vor allen Dingen im Buddhismus.)
2. Wir erleben das Ende des Leids als Überraschung, als Wunder – als eine grundlegende Musterunterbrechung und einen 100-prozentigen Ebenen-Wechsel. (Als Neugeborenwerden oder Auferstehung von den Toten wird es im Neuen Testament beschrieben.)

Es ist übrigens auch interessant, Therapeut:innen, Helfer:innen und Ratgeber:innen daran zu messen, ob sie die Möglichkeit von radikaler Transformation in Betracht ziehen oder leugnen. Oder wie Heisenberg und die Quantenphysik es ausdrücken: Was du beobachtest, erscheint je nach Art deiner Beobachtung. Unsere Wahrnehmung der Welt ist nicht nur passiv, sondern auch schöpferisch – sie in-formiert die Wirklichkeit.

Und wozu dann die ganze Mühe des Umdenkens? Um dir entschieden das Leben zu erleichtern! Mit offenem Herzen lebt es sich leichter als mit sorgenvollem Denken. Unser Herz denkt und fühlt viel komplexer als unser Kopf. Das rationale Denken und Analysieren in den Kategorien von Zeit, Raum und Kausalität, wie wir es in der Schule gelernt haben, ist anstrengend und nervtötend. Aber nach dieser »Kur« ist das ganzheitliche Denken-Fühlen aus dem »Herzen« wie der Himmel auf Erden.

60.000 Gedanken am Tag

Wie Forscher herausgefunden haben, denken wir ungefähr 60.000 bis 70.000 Gedanken am Tag, und von denen sind 90 Prozent Wiederholungen. D. h., wir programmieren uns ständig mit den alten Geschichten von gestern oder den schlechten Nachrichten aus der Zeitung. (Schlechte Nachrichten finden viel mehr Aufmerksamkeit als positive! Das hat die Psychologie und die Neurowissenschaft belegt.) Mich wundert es nicht. Das »gute alte« Schlechte und das erwartete neue Schlechte bestätigen unser gewohntes negatives Welt- und Selbstbild. Das ist ein ziemlich teures Versicherungsunternehmen, in das wir täglich 50.000 Gedanken einzahlen. Nein, wir zahlen sie natürlich nicht bewusst ein, sie werden einfach abgebucht, ohne dass wir es merken. Nur unser Körpersystem merkt die ständige Selbstabwertung. Stress, Depression, Langeweile, Angst oder Wut und schließlich auch Krankheiten kommen also nicht aus heiterem Himmel, sondern sind jahrelang vorprogrammiert. Natürlich glaubt unser Körper das nicht so schnell, wenn wir uns mal auf der Gedankenebene etwas Neues vornehmen. Er muss dauerhaft umprogrammiert werden, und das geschieht über das Fühlen. Das Neue muss gefühlt werden, damit der Körper es begreift. Er ist zu sehr auf die Vergangenheit konditioniert. Deshalb ist dieses Buch als Kurs gedacht.

Jedoch gibt es 100.000-mal am Tag die Möglichkeit aufzuwachen. Das ist der gegenwärtigen Moment, den man immer wieder neu erleben kann. Er ist wie ein Geschenk der Musterunterbrechung, das den Körper aufatmen lässt. Erwachen, Erleuchtung, Erlösung usw. sind nichts anderes als immer neues Gewahrsein der Gegenwart. Wir ärgern uns nicht über die alten Gedanken, Gewohnheiten und Programme, sondern nehmen sie – ja genau diese – in jedem Moment neu wahr. Das ist das göttliche Antiprogramm, das alles als neu wahrnimmt.

Ganz am Ende der Bibel gibt die göttliche Geistkraft ihr Programm bekannt: »Sieh her: Ich mache alles neu!« (Offb 21,5) Der »lebendige Gott« der Bibel ist also das Unsicherste, was man sich vorstellen kann: Alles ist immer neu! Das Gegenteil von einem

Versicherungsunternehmen. Wenn man es sich recht überlegt, so ist er/sie/es das Leben selbst, nicht vorhersehbar, immer neu! Es gibt nichts Realistischeres. Der zenbuddhistische Meister Suzuki Roshi nennt das »Anfängergeist«.

Der schnellste Weg, diese Welt zu wandeln, ist der Weg des Geistes. Und wiewohl es wunderbar ist, wenn du tätiges Mitgefühl übst und großzügig bist und dies mit Menschen teilst, ist es doch dein Gedankenfeld, das sich grundlegend verändern muss, wenn du dich und die Welt ändern willst.

Das Gedankenfeld ist die Vorform der Manifestation, d. h., was wir als Einzelne oder auch als Gesellschaft immer wieder denken, schreiben und kommunizieren nimmt Form an, aktualisiert sich und tritt in Erscheinung. So hat sich zum Beispiel das Denken in Gut und Böse, Freund und Feind, in Form von Krieg und Gewalt, Patriarchat und Kapitalismus seit Tausenden von Jahren immer wieder und immer mehr zugespitzt – bis die Menschheit begreift, dass es so nicht weitergeht.

Der indianische Gelehrte Jack D. Forbes schreibt in seinem Buch *Columbus und andere Kannibalen:* »Seit mehreren Jahrtausenden haben Menschen unter einer Pest gelitten, schlimmer als Lepra, einer Krankheit, schrecklicher als Malaria und entsetzlicher als die Pocken.« Die Algonquin und andere indigene Völker bezeichneten die Geisteskrankheit des weißen Mannes, der im 15. und 16. Jahrhundert in ihren Heimatländern ankam, als *Wetiko.* Wörtlich übersetzt bedeutet das Kannibalismus: »der Konsum eines anderen Lebens für den eigenen privaten Nutzen oder Profit«. Forbes schließt daraus: »Diese Krankheit ist die schlimmste Epidemie, die der Mensch jemals erlebt hat.«[3]

Und Petra Bock aus Berlin beschreibt in ihrem neu erschienenen Buch *Der entstörte Mensch* den Zustand der Menschheit seit 12.000 Jahren als gestörtes Denken, Fühlen und Handeln, das sich in unseren Köpfen, in unserem Alltagsverhalten (Konsumsucht, Konkurrenzdruck und Misstrauen), in unserem Wirtschaftssystem sowie in der Politik als sich selbst bestätigendes Muster festgesetzt hat.

In einem Interview, das der ORF-Redakteur Wolfgang Ritschl am 8. Mai 2020, also zu Zeiten der Pandemie, mit Petra Bock geführt hat, sagt sie, dass Unsicherheit und Existenzangst Nährboden sind für dieses gestörte Denken:

> »*Wichtig ist aber, dass jede Art, jetzt sich noch mehr zurückzuziehen, härter zu werden, zu kämpfen, gegen andere vielleicht sogar zu kämpfen, etwas ist, was uns zurückwirft und auch nicht mehr Sicherheit gibt. ... Wenn wir uns immer mehr zurückziehen und voneinander abschotten, machen wir die Situation schlimmer und nicht besser. Was wir eher brauchen, jetzt gerade in der Krise, ist, sehr viel enger zu kooperieren, Netzwerke zu schaffen, wo wir uns eben nicht alleine und zurückgeworfen fühlen, nicht meinen, gegeneinander kämpfen zu müssen, sondern unsere Köpfe zusammenzustecken und unsere Herzen ... und neue kreative Lösungen zu entwickeln. Das klingt erst einmal aus dem alten Denken heraus vielleicht sogar naiv, ist es aber nicht.*«

Das Aufmachen, das Denken in Netzwerken und Kooperation schafft, so Bock, mehr Sicherheit und Innovation als das alte Denken, das versucht, die Zukunft zu kontrollieren, was angesichts der vernetzten Welt völlig unrealistisch und vergeblich ist. Wir brauchen einen Neustart, in dem es darum geht, dass wir das Leben als vernetzt erleben und kooperativ handeln und denken. Wir brauchen ein neues Verständnis von Leben überhaupt und können dabei auch bei uns selbst anfangen.

> »*Denn ich glaube, der große Preis, der hohe Preis, den Menschen zahlen für gestörtes Denken, ist, dass wir das Leben als anstrengend empfinden. Dass wir selbst dann, wenn wir alles haben, den Eindruck haben, es reicht nicht, es ist nie genug. Dass Leben immer ein Kampf bleibt, solange wir nach diesem alten Überlebensmodus funktionieren. Es lohnt sich, da eine andere Erfahrung zu machen. Es macht uns nicht nur zu besseren Menschen, wenn man so will, sondern auch zu glücklicheren Menschen. Und in diesem Modus, den ich den Entfaltungsmodus nenne, haben wir ganz andere Möglichkeiten, uns auch politisch und gesellschaftlich neu zu begegnen. ... Ich bin aber der Meinung,*

... dass das ohne einen inneren Wandel nicht passieren wird. Nur in den äußeren Systemen zu verändern, wird uns nichts bringen, wenn wir die grundlegende Einstellung, das Paradigma, nach dem wir unser Denken ausrichten, nicht verändern. « [4]

Schon Jesus Christus forderte diesen Paradigmenwechsel. Wir haben seine Worte nicht mehr in seiner ursprünglichen Sprache Aramäisch, sondern in Griechisch: *metanoiete*, das heißt: Ändert euer Denken und eure Wahrnehmung (von euch selbst, über die Welt und über Gott)! Ich glaube, die Menschheit beginnt erst jetzt, im 21. Jahrhundert, diese Botschaft zu verstehen.

Wenn du das Umdenken übst – und dazu soll dieses Buch dienen –, wirst du dich immer freier und mit immer weniger Angst vor dem Tod fühlen und begreifen. Du erlebst dich dann in Verbundenheit mit Himmel und Erde, d. h. als konkrete zeitlich und räumlich definierte Person und gleichzeitig auch in der flüssigen und vernetzten Wirklichkeit, die Zeit und Raum überschreitet. Wenn du erlebst, wie Himmel und Erde sich in dir begegnen, durchdringen und ergänzen, erlebst du nicht nur den Himmel, sondern auch die Erde, dich selbst und deinen Körper in jedem Stadium als vollkommen. Und du siehst, denkst und fühlst auch die Materie als heil und ganz. Wenn du dein Denken änderst, sodass dein Gefühl mitzieht, änderst du die ganze Welt. Nicht durch Anstrengung und Kampf, sondern durch Freude und Ausstrahlung. Denn was die Welt braucht, ist mehr liebevolles Spürbewusstsein und weniger Gewalt – mit sich selbst und allen anderen Mitbewohnern der »Erde«. Das ist unsere Aufgabe als fühlende Wesen, die Bewusstsein entwickelt haben.

»Fühle dich nicht einsam, das gesamte Universum ist in dir«, sagte der persische Dichter und Mystiker aus dem 13. Jahrhundert, Mevlãnã Celâleddin Rumi.[5]

Die vier Schritte der Metanoia

Die stärkste Kraft für das Heilsein der Welt ist, die Welt heil zu sehen, zu spüren und zu wissen.

Ja, auf eine neue Art des Wissens läuft es hinaus! Denn der 1. Schritt des Umdenkens ist mit ganz viel *Skepsis und Zweifel* verbunden. (Die ganze Welt in dir und um dich denkt ja in der alten gestörten Art und Weise: nicht freundlich-liebevoll, sondern aggressiv und angstvoll.) Wenn man aber bei der Einübung von Dankbarkeit und Mitgefühl bleibt (2. Stufe des Umdenkens), kommt man zu einem *guten Geschmack und Gespür* für das Neue. Die 3. Stufe ist: Man fängt an, das Neue zu *glauben*. Und in der 4. Stufe wird es dann zum *Wissen*, zur *Gewissheit*. Diese Gewissheit ist eine Art sicheren Gewahrseins, der Zen-Buddhismus nennt es sogar »Nichtwissen«, ein Feld-Bewusstsein, in dem man ganz in Präsenz ist, alles gleichzeitig über alle Sinne wahrnimmt, ohne sich von rationalen Überlegungen oder den Programmen der persönlichen oder archaischen Vergangenheit ablenken zu lassen. Dieses Leerwerden oder Nichtwissen übt man in der Meditation und in der Aufstellungsarbeit.

Ich wünsche dir viel Freude bei der Beschäftigung mit dem Buch und einen neugierigen und wachen »Anfängergeist«, der dich in deinem Denken und Wahrnehmen umkehren lässt.

Siegfried Essen
Eggersdorf bei Graz, Juni 2021

1 WORUM ES JEDEM MENSCHEN WIRKLICH GEHT: DIE SUCHE NACH EINEM GUTEN LEBEN

»All unser Leiden entsteht dadurch, dass wir Glück wollen. Je mehr wir versuchen, unser Glück zu schützen und zu bewahren, desto mehr verlieren wir.« Das sagt der tibetische Meister Tulku Lobsang Rinpoche.[6] Was steckt dahinter? Gemeint ist, dass das Glück schon in uns ist: Es ist unsere Natur, unsere innerste Quelle.

Das klingt gut – wenn man nur daran glauben könnte! Also suchen wir das Glück im Außen: die Liebe beim richtigen Partner, die Gesundheit bei der richtigen Ernährung, das Geld über den richtigen Job und den inneren Frieden beim richtigen spirituellen Weg. Die Suche nach dem »Glück« im Außen ist seit Jahrhunderten die große Leidenschaft der Menschheit. Und sie hat ohne Zweifel sehr viel Fortschritt, Wohlstand und Wissen hervorgebracht.

Viele große Meister aber sagen: Das »Glück« ist immer da! Wir haben es nur vergessen (sagt Platon), verschleiert (sagt Buddha) oder verdrängt (sagt Freud). Wenn das stimmt, dann ist unsere Leidenschaft der »Glückssuche« gleichzeitig auch die Ursache für viel Leid: nicht nur für Depression oder Burnout (der moderne Ausdruck dieses friedlosen Zustandes), sondern auch für Krankheiten (der

Protest des Körpers gegen Dauerstress) sowie für Angst, Einsamkeit und Kälte (die gefühlten Reaktionen unseres Körpers).

Aber welcher Weg führt dann zu einem gelingenden Leben? Schmerzen, Trennungen und der Tod sind unvermeidbar, aber wir können vermeiden, diese Ereignisse in unseren Gedanken immer wieder herzuholen und sogar in die Zukunft zu projizieren. Schmerzen und Trennungen bezeichnet der Buddha als »erste Pfeile«. Sie kommen tatsächlich meist von außen und sind unvermeidlich. Sie erzeugen Schmerzen, aber nicht das eigentliche Leid. Das entsteht erst durch »zweite Pfeile«: unsere Überzeugungen und Urteile über Trennungen und Verletzungen. Und diese Pfeile schießen wir uns selbst: »Nie wieder lass ich das mit mir machen!« Und wir schließen die Faust um die Wunde, sodass sie nicht heilen kann. Gedanken der Rache, der Wut, der Angst, der Resignation und des Selbstmitleids entstehen und können viel Raum einnehmen. Körperliche Verletzungen heilen von selbst, wenn die Luft drankommt. Auch Trennungen werden überwunden, wenn Wasser fließen darf, Tränen und Emotionen.

Was wir über Ereignisse denken, bestimmt also, wie wir uns fühlen und was wir daraufhin tun. Also müssen wir bei unseren Glaubenssätzen und Überzeugungen ansetzen, wenn wir unser Leben schön, liebevoll, sicher und lustvoll machen wollen. Das ist sehr einfach, wenn wir uns nur bewusst machen: »Ach, das ist ja nur ein Gedanke!« Und es ist natürlich auch sehr schwierig, weil vieles, besonders das gewohnte Denken, also die »Überzeugung«, schon sehr früh in unserem Leben gebahnt und verankert wurde. Ein kleines Beispiel: Ich habe mir beim Spielen eine Schramme geholt und laufe zur Mama. Jetzt ist es ein großer Unterschied, ob sie pustet und mit singender Stimme sagt: »Heile, heile Segen«, oder ob sie schimpft: »Wie schlimm, was hast du denn da wieder angestellt!« Im ersten Fall werde ich beim nächsten Mal selbst pusten. Im zweiten Fall werde ich vielleicht schreien oder weinen und nach einem Schuldigen suchen. Das dauert länger, ist komplizierter und hinterlässt ein bleibendes Muster im Nervensystem und im Denken-Fühlen – ein Urteil.

2 METANOIA – WAS IST DAS?

> Ein Mann fuhr mit seinem Sohn nach Afrika, um ihm zu zeigen, wie viele Menschen auf dieser Welt in Armut leben müssen. Sie verbrachten einige Zeit bei einer Nomadenfamilie. Als sie wieder nach Hause zurückkehrten, fragte der Vater: »Wie war die Reise für dich?« Das Kind antwortete: »Wir haben nur einen Hund, die Hirten hatten vier. Wir haben einen riesigen Swimmingpool, mein neuer Freund Pakka schwimmt in einem großen See. Unseren Garten beleuchten am Abend viele Lampen, dort glitzern in der Nacht Tausende Sterne und der Mond. Danke Papa, dass du mir gezeigt hast, wie reich die Menschen in Afrika sind.« Der Vater wurde nachdenklich: So hatte er die gemeinsame Reise noch nicht betrachtet.

Metanoia bedeutet übersetzt »den Kopf wenden«. Das altgriechische Wort setzt sich aus *meta* (darüber hinaus) und *noia* (Denken, Verstehen, Wahrnehmen) zusammen. Metanoia bedeutet also so viel wie Neues Denken, Neues Sehen. Jesus Christus verwendet das Wort Metanoia für Umdenken und neues Wahrnehmen, und seine Aufforderung an die Menschheit lautet: »Überschreitet euer Denken und euer Wahrnehmen [von euch selbst und der Welt]!« (z. B. Mk 1,15). Diese Botschaft Jesu Christi ist ganz einfach und körperlich zu verstehen: »Wechselt die Perspektive, schaut woanders hin!« Und lasst euch nicht von alten Glaubenssystemen und Überzeugungen hypnotisieren. Betrachtet eure Überzeugungen und euer Denken wie Kleider, die ihr angezogen habt und auch wieder ausziehen könnt. »Zieht den neuen Menschen an«, rät uns Paulus im Brief an die kleine Christengemeinschaft im griechischen Ephesus (Eph 4,24).

Erlaube dir mal eine kleine Verkörperungsübung. Betrachte mal einen Gedanken, der dir nicht gut tut (aber aus irgendeinem Grund denkst du ihn immer wieder), als Kleidungsstück, das du irgendwann einmal angezogen hast und an das du dich ziemlich gewöhnt hast.

Das kann etwas sein aus den Bereichen Gesundheit, Sex, Beziehungen, Beruf, Spiritualität, Familie usw.

Zum Beispiel:

»Ich bin dauernd krank!« oder

»Immer habe ich Angst/Wut/Ärger ... !« oder:

»Ich bin abhängig von ...«

»Ich bin dumm/schwach/kann mich nicht durchsetzen ... !« usw.

Nimm einen beliebigen dieser Gedanken – es muss nicht der schlimmste oder der harmloseste sein – und zieh ihn an wie ein Kleidungsstück. Macht das in deinem Zimmer wirklich körperlich, von den Füßen bis zum Hals. Und wenn du diese Idee ganz angezogen hast, frag dich, welches Körpergefühl in diesem Anzug entstanden ist. Und wenn du dieses Gefühl aufgeschrieben oder benannt hast – meist so etwas wie Enge, Atemlosigkeit, Anstrengung usw. –, frag dich, was noch entsteht – Wut, Ohnmacht, Resignation usw.

Dann zieht dieses Kleid vollständig wieder aus und leg es beiseite. Geh einen Schritt weg von diesem alten Kleiderhaufen und schau nicht mehr hin. Wie reagiert dein Körper auf dieses Ausziehen? Vielleicht mit Aufatmen, mit Aufrichtung

und Beweglichkeit usw.? Frag dich auch hier wieder, was noch entsteht – zum Beispiel mit Gefühlen wie Freude, Mut, Liebe, Kraft usw.
Nimm dir nun Zeit, diese neuen Gefühle zu genießen, ohne auf irgendetwas altes zurückzugreifen.

Ein umfassendes Umdenken entsteht, wenn jemand seine Sichtweise ändert, indem er oder sie sich von bisherigen Denkmustern befreit. Neues Denken bewirkt Neues Sehen. Und auch: Neues Sehen bewirkt Neues Denken. Anders ausgedrückt: Ein von Konzepten und vorgefassten Meinungen freies Denken bedeutet neue Sicht auf sich selbst, auf die anderen und auf die ganze Welt. Auf dem Boden dieser Selbsterneuerung entsteht natürlich auch neues Fühlen, Glück, Zufriedenheit und Selbstwert.

Dieses Buch soll dir Gelegenheiten dazu zeigen. Und an realen, d. h. körperlich guten Gefühlen kannst du erkennen, ob dir das Umdenken gelungen ist. Konkret bedeutet das für dich: Wenn du den Kopf wendest, und es entsteht dabei kein angenehmeres Gefühl in deinem Körper, hat sich nichts getan. Dann schau woanders hin! Zum Beispiel in die andere Richtung, oder wende mit dem Kopf auch den ganzen Körper. Wir alle tragen also das Kriterium für wohltuende Veränderung in uns.

> Ein Mensch kam zu einem Bauwerk, an dem viele Arbeiter beschäftigt waren. Er fragte einen, was er da tue, und bekam zur Antwort: »Ich behaue Steine.« Er fragte einen anderen, und dieser sagte: »Ich verdiene hier mein Geld.« Der dritte antwortete ihm: »Ich ernähre meine Familie.« Und der vierte sagte: »Ich baue mit an einem Dom.«

Diese Geschichte zeigt, mit welch unterschiedlichem Bewusstsein man Arbeit verrichten kann. Vielleicht ist für dich daran interessant, in welchen Perspektiven du dein eigenes oder auch fremdes Leben sehen kannst. Du kannst wählen.

Die neue transreligiöse Spiritualität, über die du in diesem Buch mehr erfährst, sagt nicht, dass eine Sichtweise besser ist als eine andere oder dass ein bestimmter Glaube der einzig wahre ist. Sie sagt nicht, wende den Kopf in eine bestimmte Richtung, nimm die und die Sichtweise ein. Vielmehr sagt sie:

> Genieße das Wenden deines Kopfes, spüre, in welche Richtung dein Herz aufgeht und du Freude empfindest. Dann nimm diese Richtung ein, ohne die anderen Perspektiven abzulehnen.

Ob du sagst, du behaust Steine oder du arbeitest für eine Gemeinschaft: Beides kann Freude, Größe und Aufrichtung in dir hervorbringen. Wichtig ist, dass du die Sichtweise deiner Arbeit oder deines Lebens so lange und so oft drehst und wendest, bis du daran reine Freude hast. [7]

3 DU BIST DER KONSTRUKTEUR DEINER GEDANKEN

Ist dir bewusst, dass alle Vorstellungen von dir selbst oder anderen konstruierte Bilder sind? Du bist der Erfinder und Konstrukteur dieser Bilder. Alles, was du über dich selbst denkst, kannst du auch anders denken. Dieses Buch soll dir dabei helfen, das auszuprobieren. Wie du deine Arbeit bewertest, wie du deinen Körper siehst, deine Liebe oder gar dein ganzes Leben: All das verwaltest du in deinem Gehirn oder genauer gesagt in dem großartigen Netzwerk von Leib, Seele und Geist. All das kannst du schlimm finden oder schön; du kannst dich als Opfer fühlen oder deine Sichtweisen und Bilder aktiv ändern.

> Es war einmal ein Mann, der auf der Suche nach seinem innigsten Verlangen durch die Welt zog. Er wanderte von Stadt zu Stadt und von einem Reich zum anderen und suchte dabei nach Erfüllung und Glück. Eines Tages setzte er sich erschöpft von seiner Suche unter einen großen Baum am Fuß eines Berges. Er wusste nicht, dass es der Große Wunscherfüllende Baum war. Was immer man sich wünscht, wenn man darunter sitzt, geht sofort in Erfüllung.
> Wie er dort saß, dachte er bei sich: »Was für ein wunderschöner

Platz das ist. Ich wünschte, ich hätte hier ein Zuhause.« Und augenblicklich erschien vor seinen Augen ein schönes Haus. Überrascht und hocherfreut dachte er weiter: »Wenn ich nur eine Frau an meiner Seite hätte, dann wäre mein Glück vollkommen.« Im Nu erschien eine schöne Frau, die ihn »Ehemann« nannte. »Also erst einmal bin ich hungrig«, dachte er weiter, »ich wünschte, es gäbe etwas zu essen.« Sofort erschien eine Festtafel mit allen erdenklichen Speisen und Getränken. Der Mann setzte sich und begann seinen Hunger zu stillen. Noch während des Mahles kam ihm der Gedanke: »Ich wünschte, ich hätte einen Diener, der mich mit den restlichen Speisen bedient«, und tatsächlich erschien ein Diener. Nach Beendigung des Mahles lehnte sich der Mann mit dem Rücken an den Baum und begann nachzusinnen: »Wie erstaunlich, dass alles, was ich wünsche, wahr geworden ist. Dieser Baum hat mysteriöse Kräfte. Ich frage mich, ob ein Dämon in seinem Innern lebt?« Kaum hatte er das zu Ende gedacht, tauchte ein riesiger Dämon auf. »O weh«, dachte er, »der Dämon will mich bestimmt auffressen!« Und so geschah es.

Natürlich sind unsere Selbst- und Weltanschauungen nicht von uns persönlich erfunden: Wir sind durch unsere Eltern und deren Eltern, durch die Gesellschaft und die ganze menschliche Evolution programmiert und modelliert. Aber umprogrammieren können wir uns nur selbst und höchstpersönlich! Die Selbstbefreiung kann uns niemand abnehmen – das wäre ja auch ein Widerspruch in sich. Programmieren, Neuprogrammieren, Umprogrammieren: Das wird dir an jeder Straßenecke angeboten. Kaufe nichts, tue es selbst!

Als junger Mann habe ich mehrere Therapieausbildungen hintereinander absolviert. Dazu kamen Yoga, Meditation und anderes, immer auf der Suche nach dem besten Weg für mich und alle Menschen. Ich kann nicht sagen, dass mir das geschadet hat – im Gegenteil: Ich habe dabei gelernt, dass es das Beste nirgendwo außerhalb von mir selbst gibt: *Die Suche nach dem Glück, dem Frieden, der Liebe ... ist der einzige Weg zu leiden.* Heute weiß ich, dass ich alles in mir habe, die Liebe, den Frieden, das Glück – ich brauche sie nur zu entdecken. Das gute Leben ist wie ein Teppich, der sich vor mir aufrollt, indem ich ihn beschreite.

Die philosophische Richtung, die sich *Radikaler Konstruktivismus* nennt, macht uns darauf aufmerksam, dass der Mensch die Wirklichkeit, in der er denkt, fühlt oder handelt – also seine »Welt« – selbst konstruiert hat.[8] Über unsere Sinne und unser begriffliches Denken erfassen wir nicht eine einzige und wahre »äußere« Wirklichkeit und bilden sie auch nicht eins zu eins ab. Das Außen ist durch unendlich viele Feedbackzirkel mit unserem Inneren verbunden. Wenn wir dieses Faktum ernst nehmen, heißt das unter anderem, dass wir Verantwortung zu übernehmen haben – und zwar für unser Denken und unsere Anschauung der gesamten Wirklichkeit, einschließlich unserer eigenen Person.

4 DREI SCHRITTE DER UMKEHR

Dieses Buch handelt von meinen persönlichen Erfahrungen bei der Umkehr im Denken. Mein Anliegen ist es, dich auf deinem Weg zu begleiten und mit konkreten Vorschlägen zu unterstützen. Grundsätzlich gibt es dabei *drei wichtige Schritte* zu gehen beziehungsweise zuzulassen:

1. Du beginnst zu realisieren und zu verstehen, dass dein bisheriges (altes) Denken programmiert, konstruiert und voller Illusionen ist/war.
2. Du bist bereit, an einem beliebigen Beispiel das Neue Denken auszuprobieren.
3. Du feierst und freust dich darüber, wie gut sich das ständig anwachsende *Neue Denken* anfühlt, wenn du es in deinen Alltag integrierst. Es bereichert dich, je mehr du es zur täglichen Praxis werden lässt. Schließlich fühlst du dich wirklich frei.

Dabei musst du dich nicht besonders anstrengen – Anstrengung gehört mehr zum alten Denken. Du wirst feststellen, dass sich das

Neue Denken wie von selbst einstellt, wenn du es nur zulässt, da es die ursprüngliche Natur des Menschen ist.

All das klingt einfach. Anhand von Beispielen werde ich dir in diesem Buch zeigen, dass es tatsächlich auch einfach ist.

5 WAS IST REAL? VON DER KRAFT UNSERER VORSTELLUNG

Stelle dir einmal vor, du stehst auf einem Berggipfel. Es ist ein herrlicher Sonnentag mit klarer Luft und weiter Sicht. Du atmest tief ein, schaust über die anderen Berge hinweg in die Weite bis zum Horizont. Wahrscheinlich wird sich dein Körper bei dieser Vorstellung aufrichten und tatsächlich freier atmen und sich wohlfühlen.
Nun gehe in die Vorstellung, dass du in einer Kapsel tief unter der Meeresoberfläche eingeschlossen bist und nur einen begrenzten Sauerstoffvorrat hast. Beobachte jetzt deinen Körper: Wahrscheinlich wird sich dein Brustkorb nur ganz wenig heben und senken, und vielleicht entstehen auch in Sekundenschnelle Angst- oder Stressreaktionen.

Überrascht dich das? Das geschieht täglich tausend Mal! Wir denken etwas, und unser Körper antwortet unmittelbar mit Gefühlen und Muskelreaktionen wie Spannung und Entspannung. Je nachdem, was du dir in deiner Fantasie ausmalst, beeinflusst es Körper und Organe. Und das können wir bewusst einsetzen!

Gedanken und Fantasien sind also Kräfte, die deinen Körper und deine Gefühle veranlassen, entsprechend darauf zu reagieren. Jeder Gedanke, ob positiv oder negativ, hat Einfluss auf dein seelisches und körperliches Empfinden. Das liegt daran, dass dein Organismus nicht zwischen Fantasie und Realität unterscheidet. Er verarbeitet Fantasien so, als handle es sich tatsächlich um Realität. Körperliche Reaktionen auf gedankliche Vorstellungen wiederholen sich täglich mehrfach auf die eine oder andere Weise. Immer reagiert dein Körper (über Gefühle) auf deine Gedanken, und diese reagieren wiederum auf deinen Körper. Nur nimmst du diese Zirkel meist nicht wahr.

Stelle dir jetzt wieder vor, du stehst auf einem Berg, atmest ganz frei und schaust in die Weite. Mache dir nun aber bewusst, dass dies nur in deiner Vorstellung geschieht und dass der Berggipfel »*nur*« Fantasie und nicht »real« ist. Wahrscheinlich sitzt du gerade auf einem Stuhl oder Sessel und liest dieses Buch. Und trotzdem reagiert dein Körper so, als wärst du tatsächlich auf dem Berggipfel, auch wenn dir bewusst ist, dass dies gar nicht der Fall ist.

Aufgrund deiner gedanklichen Vorstellung atmest du frei und fließend. Die Reaktionen deines Körpers sind jedenfalls real – auch wenn das Erlebnis nur fiktiv ist.

6 DIE LANDKARTE IST NICHT DAS LAND

Schon vor der Entwicklung von Quantenphysik und Relativitätstheorie erforschten Physiker, Biologen, Psychologen, Philosophen und viele andere Wissenschaftler die Beziehung des Menschen zur Welt, die Beziehung unserer inneren Wahrnehmungen zur äußeren Wirklichkeit. Fest steht: Durch unsere Wahrnehmungsorgane haben wir keinen direkten Zugang zur äußeren Wirklichkeit. Alles, was wir in uns erzeugen (Bilder, Begriffe etc.), ist quasi eine Landkarte, aber nicht das Land (Alfred Korzybski). *Auf* dieser Landkarte kann man nicht wandern, aber man wandert mit ihr. Die Karte nützt uns durch ihre genau festgelegte Beziehung zum Land. Das entspricht der Beziehung zwischen Sprache und Wirklichkeit. Die Regeln dieser Beziehung sind im Laufe der Menschheitsgeschichte entstanden. Sie werden dir während deiner ersten Lebensjahre beigebracht. Später durchschaust und relativierst du alles. Du legst die Landkarte nicht unter deine Füße, so wie du auch die Speisekarte nicht aufisst. Du unterscheidest ganz selbstverständlich zwischen einer Sache und ihrer Abbildung.

> Zu Picasso kam einmal ein Mann vom Lande, deutete auf ein von ihm gemaltes Bild und sagte: »Das ist doch nicht realistisch, das ist doch keine Frau.« »Was ist denn realistisch?«, fragte Picasso. Der Bauer griff in seine Tasche und zeigte ihm ein Foto seiner Frau. Picasso betastete das Foto mit seinen Fingern und sagte dann: »Ziemlich dünn – und auch sehr, sehr klein, Ihre Frau.«

Meistens unterscheiden wir zwischen Landkarte und Land, aber manchmal eben auch nicht: Im Verliebtsein zum Beispiel, in der Angst oder in der Wut sind wir oft blind für diesen Unterschied. Und auch, wenn wir etwas Ungewöhnlichem begegnen, wie zum Beispiel einem abstrakten Kunstwerk. Es ist unsere Freiheit und unsere Aufgabe, zu wählen, wie wir die Welt und uns sehen: in Offenheit und Verbundenheit oder in Abhängigkeit und Angst. Es ist deine Wahl, wie du die Welt siehst. Du kannst dich dem Irrtum hingeben, dass du die Welt objektiv und wie von außen quasi »wissenschaftlich« betrachtest. Du kannst aber auch erkennen, dass du immer und überall Teil vom Ganzen bist und dass nichts wirklich außen und von dir unabhängig ist. Wählst du diese zweite Perspektive – also: »Ich bin Teil des Universums« –, dann verändern all deine Gedanken, Handlungen und Bewegungen, kurz alles, was du tust, das Universum und dich gleichzeitig.

Obwohl »das Land« (die Wirklichkeit) begrifflich-theoretisch nicht vollkommen zu erfassen ist, kannst du es dennoch betreten, allerdings nur körperlich. Erkenntnis der Wirklichkeit kannst du nur durch verkörpertes Handeln, nicht durch Denken erlangen. Denken und Fühlen folgen dem Handeln, und das Ergebnis ist *leibliches Verstehen.*

Wenn der Geist und das Denken erst einmal durch *Neues Denken* spielerisch befreit wurden, dann sind wir wie die Kinder. Der holländische Philosoph Johan Huizinga hat schon 1938 ein Buch geschrieben mit dem Titel *Homo Ludens. Vom Ursprung der Kultur im Spiel.* Beispielhaft erzählt er von einem kleinen Jungen, der mit der Eisenbahn spielt. Sein Vater kommt dazu und küsst ihn auf die Stirn. Darauf der Bub: »Papa, du darfst die Lokomotive nicht küssen, sonst denken die Wagen, es wäre nicht echt.«[9] Echt und real, küssen und denken. Als Kinder »wissen« wir noch die Zusammenhänge, ohne sie zu überschätzen oder sie als Ursache und Wirkung auseinanderzureißen. Die Wissenschaftler nennen das implizites oder praktisches Wissen. Es ist so umfassend und in Wechselwirkungen vernetzt, dass unser bewusstes, lineares Denken es nicht fassen kann und als Nichtwissen abtut. Das Verhältnis von explizitem Wissen, wie wir es in der Schule lernen, zu implizitem Wissen kann mit der Spitze eines Eisberges über der Wasseroberfläche zu den 90 Prozent des Eisberges unter Wasser verglichen werden. Die neueren Forscher befassen sich damit unter dem Begriff »Philosophie der Verkörperung«.[10]

> *Mit dem Spiel erkennt man, ob man will oder nicht, den Geist.*[11]

So wie Kinder können auch wir uns als Erwachsene mit allem Möglichen identifizieren und jede Identifikation aufrechterhalten, solange wir wollen, *ohne daran zu glauben*. Manchmal muss man allerdings übervernünftige Erwachsene an die Regeln erinnern oder vielmehr daran, dass die Regeln nur Regeln sind und die Landkarte nicht das Land. Unvernünftige Narren und Clowns zeigen, wie man das macht. Dazu gehört zum Beispiel Nasrudin Hoca.[12] Er war einer der ganz großen »heiligen« Narren.

> Nasrudin ritt verkehrt auf seinem Esel, mit dem Gesicht nach hinten. Alle lachten und schrien: »Aber Nasrudin, du sitzt ja verkehrt herum auf dem Esel!« Nasrudin schrie zurück: »Nein, ihr liegt ganz falsch! Nicht ich sitze verkehrt herum, sondern der Esel schaut in die falsche Richtung!«

7 DURCH DIE ÜBUNG DER ACHTSAMKEIT WIRST DU LEBENDIGER

Was empfindet dein Körper eben jetzt, während du in diesem Buch liest? Ist dein Körper aufnahmefähig? Beobachte dich genau. Wenn du in dich hineinspürst, weißt du genau, wann es mit dem Lesen genug ist. Man nennt dieses Zusammenspiel von Körper, Seele und Geist »Präsenz« oder »Achtsamkeit«. Und es ist erstaunlich einfach. Man muss es nur tun. In diesem Buch soll es so einfach weitergehen. Und bitte lies keine Zeile darin über das hinaus, was du wirklich willst. Dein Körper begleitet dich überallhin. Und vom Körper und seinen Gefühlen abzusehen, ist der größte Irrtum aller Zeiten. (Es ist die Idee, als gäbe es eine Welt ohne Materie.) Diese aufmerksame Wahrnehmung des Körpers kannst du üben. Dadurch wird Präsenz allmählich zu einem selbstverständlichen Modus deines alltäglichen Seins.

> Ein Zen-Schüler fragte den Meister: »Meister, was ist das Geheimnis des Zen?« Darauf entgegnete der Meister: »Wenn ich esse, dann esse ich, wenn ich gehe, dann gehe ich, wenn ich liebe, dann liebe ich.« Darauf sagte der Schüler: »Aber das ist nichts

Besonderes, das tun wir doch alle!« »Nein«, lächelte der Meister, »wenn ihr esst, dann habt ihr dabei 1000 Gedanken, wenn ihr geht, dann seid ihr schon am Ziel, und wenn ihr liebt, dann habt ihr schon wieder Angst, dass euch diese Liebe genommen wird.«

Dieser Text beschreibt, wie selbstverständlich es für uns ist, den gegenwärtigen Augenblick, das »Hier und Jetzt« zu übersehen. Unsere Gedanken tragen uns meistens in die Vergangenheit oder in die Zukunft. Und so leben wir einen wesentlichen Teil unserer Zeit in Vorstellungen davon, was wir befürchten oder was wir uns wünschen und erhoffen. Achtsamkeit zu üben heißt hingegen, das Jetzt im und durch den Körper – also die Präsenz – wiederzuentdecken.

Gehe mit deiner Aufmerksamkeit zur Körpermitte (Magen) und lege beide Hände dorthin. Verweile einige Zeit und stelle dir dabei ein dich nährendes Bild (z. B. die Sonne), ein nährendes Wort (z. B. Freude oder Kraft) oder eine nährende Farbe (z. B. deine Lieblingsfarbe) vor. Führe diese Vorstellung dorthin, wo deine Hände liegen. Was geschieht nun unter deinen Händen in der Körpermitte? (Wärme, Entspannung, Fließen etc.) Nach einer Weile löse die Hände und führe dieses Gefühl mit den Händen langsam und bewusst über Magen und Solarplexus hinaus (z. B. zum Herzen oder zum Unterleib, einfach dorthin, wo es sich gut anfühlt). Wichtig: Mache die Übung ganz in deinem Tempo. Wenn dir die Übung behagt, mache sie immer wieder, bis du in der Lage bist, jedes beliebige gute Gefühl im ganzen Körper zu erzeugen und sich ausbreiten zu lassen.

Der größte Irrtum der Vergangenheit war es zu meinen, Körper und Geist hätten nichts miteinander zu tun. In früheren Zeiten wurde Vorstellungskraft verächtlich als *Einbildung* bezeichnet. Heute indessen wird diese Kraft von der modernen Wissenschaft als *Placeboeffekt*[13] sehr ernst genommen. Man weiß, dass die Vorstellungskraft jede Heilung oder Besserung unterstützen oder aber boykottieren kann.

Jesus sprach bei seinen Krankenheilungen immer vom Glauben. Zur geheilten Person sagte er meist: »Dein Glaube hat dir geholfen.«[14] Ich schätze, das sagt er, damit die Geheilten nicht denken, ihre Heilung kommt von außerhalb: durch das heilige Wasser, in das der Gelähmte gestiegen ist; durch die Chemie oder Magie der Spucke, die Jesus dem Blinden aufs Auge gestrichen hat; durch die energetische Kraft der Hände, die er ihnen aufgelegt hat, durch die Kraft der Worte eines Guru und so fort. Bezogen auf unsere heutige Welt entspricht das dem Denken, Heilung geschehe durch gutes Tun, richtige Ernährung, genügend Bewegung, Therapie oder Selbsterfahrung etc. Glaube im Sinne Jesu ist nicht die Annahme eines Ursache-Wirkungs-Zusammenhangs. Glaube nach Jesus ist ungefähr das Gegenteil von dem, was man heute »Glaube« nennt. Dauerhaft Gutes kommt nie nur von außen. Es kommt immer aus der göttlichen Kraft in mir, aus der Nähe des bedingungslos liebenden Vaters. Unvorhersehbare Überraschungen werfen uns manchmal unsanft aus dem Sattel eines toten Pferdes, das wir reiten. Oder sie heben uns sanft auf die Adlerflügel eines neuen Denkens – je nachdem, was wir uns gewünscht haben.

So kommt auch Heilung nicht so sehr von der energetischen Kraft fremder Hände oder von der suggestiven Kraft einer anderen Person. Dauerhafte Heilung kommt vielmehr aus der Metanoia, also aus einer inneren Erneuerung des Denkens und Fühlens, von einer autosuggestiven, selbsthypnotischen Kraft der Person selbst. Heilung ist immer auch ein Geschenk, eine unvorhersehbare Überraschung, die von innen kommt und im Außen Resonanz findet.

8 DAUERHAFT GUTES: RESONANZ ZWISCHEN INNEN UND AUSSEN

In seinem Buch und Film *Unterwegs in die nächste Dimension* hat Clemens Kuby die berühmtesten Heiler der Welt in Brasilien, auf den Philippinen, in Tibet und anderen Ländern interviewt und bei ihrer Heilungsarbeit gefilmt. Aber schlussendlich filmte und interviewte er nur noch die »Geheilten«, weil er erkannt hatte, dass ausschlaggebend für eine dauerhafte Besserung der Glaube der Patienten und vor allem ihr Umgang mit sich selbst in den Wochen und Monaten nach der Begegnung mit dem »Heiler« war. Kuby musste es wissen, denn er hatte sich selbst durch monatelanges Bewusstseinstraining von einer Querschnittslähmung nach einem Sturz vom Dach geheilt.

Jesus sagt, Heilung komme aus der Metanoia, das heißt aus einer umfassenden Umkehrung unseres Denkens und unserer Wahrnehmung. Solch ein innerer Paradigmenwechsel (so der wissenschaftliche Begriff für grundsätzliches Umdenken) leuchtet plötzlich auf wie ein Blitz und wird je nach religiöser Tradition Erleuchtung, Bekehrung, Wunder oder Erwachen genannt. Es ist aber nur der mehr oder weniger spektakuläre Beginn eines *lebenslangen Umdenkens* und eigentlich nichts als die *Einladung zum Besuch eines*

Programmierkurses. Anders gesagt: Wir wechseln nicht ad hoc von einem alten Programm zu einem neuen, besseren, sondern wir erlernen das Umdenken schrittweise. Die neue Sichtweise wird uns ein oder mehrere Male über eine tiefe Erfahrung wunderbar schmackhaft gemacht, aber dann geht die Übung im Alltag erst richtig los. Um mit Snoopy zu reden: Keine Erfahrung ist so tief oder so hoch, als dass wir sie nicht wieder vergessen könnten. Wir können den Programmierkurs auch schwänzen. Und die Möglichkeit dazu ist wichtig, denn die Freiheit ist das höchste Prinzip des Bewusstseins, so wie Verbundenheit und Liebe die höchsten Prinzipien des Lebens sind. Es geht also nicht um ein neues, besseres Selbstbewusstsein oder um ein neues Glaubenssystem, eine geistige Diät oder die richtige Weltanschauung. Vielmehr geht es um die Befreiung von allen »Richtigkeiten«, also um ein tiefes und langfristiges Umprogrammieren. (Das Richtige bringt immer wieder auch Falsches hervor.)

9 DER GLAUBE AN DAS GUTE IMPLIZIERT DEN GLAUBEN AN DAS BÖSE

Wenn du meinst, dass etwas richtig ist, dann setzt du gleichzeitig voraus, dass es auch etwas Falsches gibt. Unser Denken funktioniert einfach so – nämlich linear. Es konstruiert die Vorstellung von Zeit und Raum, wie der große Philosoph Immanuel Kant uns gezeigt hat. Und es gibt sich dann darin gefangen. Wir entkommen diesem (»dualistischen«) Denkmodus nicht – und erst recht nicht, wenn wir ihn bekämpfen. Aber wir könnten diesen Modus anders einsetzen als bisher. *Neues Denken* erkennt und nützt Schatten, Abspaltungen und Polarisierungen immer als schöpferischen Impuls. Hier einige Beispiele:

- Unterscheidungen (beispielsweise zwischen Mann und Frau oder zwischen dir und mir) sind großartige Mittel, um Verbundenheit und Liebe zu erfahren.
- Widerstände werden aufgebaut, um Durchbruch und Erneuerung zu erleben.
- Grenzen (zum Beispiel die Haut) werden gesetzt, um Berührung möglich zu machen.

- Abgründe werden geschaffen, um sich aufgefangen zu fühlen.
- Schwäche wird erlebt, um Kraft zu erfahren.
- Ursache und Wirkung werden erdacht, um Verbundenheit über die Zeit hinweg zu erkennen.
- Verletzungen und Traumata sind dazu da, das Opferdasein zu verabschieden.

> Letzte Nacht fand ich eine neue Freude. Als ich sie zum ersten Mal auskostete, kamen ein Engel und ein Teufel zu meinem Haus gestürmt. Sie trafen an meiner Tür zusammen und stritten um meine neue Freude. Der eine rief: »Es ist eine Sünde!«, der andere: »Es ist eine Tugend!«

In einer Parabel lässt Franz Kafka Vergangenheit und Zukunft aus entgegengesetzter Richtung aufeinanderstoßen. Wenn man begriffen hat, wie das Gute vom Bösen lebt und das Böse vom Guten, ist dieser Aphorismus etwas leichter verstehbar:

> Er hat zwei Gegner: Der erste bedrängt ihn von hinten, vom Ursprung her. Der zweite verwehrt ihm den Weg nach vorn. Er kämpft mit beiden. Eigentlich unterstützt ihn der erste im Kampf mit dem zweiten, denn er will ihn nach vorn drängen, und ebenso unterstützt ihn der zweite im Kampf mit dem ersten; denn er treibt ihn doch zurück. So ist es aber nur theoretisch. Denn es sind ja nicht nur die zwei Gegner da, sondern auch noch er selbst, und wer kennt eigentlich seine Absichten? Immerhin ist es sein Traum, dass er einmal in einem unbewachten Augenblick – dazu gehört allerdings eine Nacht, so finster wie noch keine war – aus der Kampflinie ausspringt und wegen seiner Kampfeserfahrung zum Richter über seine miteinander kämpfenden Gegner erhoben wird.

Jeder Entwicklungsschritt im Leben erfordert das Loslassen von etwas *Altem* (auch wenn dieses schön war), um mit dem unbekannten *Neuen* beginnen zu können. In der Bibel wird das zum spirituellen Prinzip erhoben: Wer in der göttlichen Wirkkraft lebt, für den ist *alles* neu! Dann ist er/sie/es das Leben selbst, das alle Widersprüche einschließt, auch den Tod und finsterste Nächte. Der Benediktinermönch und spirituelle Lehrer David Steindl-Rast hat in einem seiner Vorträge einmal sinngemäß gesagt: Das Große Ganze, wie immer man es nennt, hat keinen Namen, aber wenn es einen Namen für Gott gäbe, dann hieße er »Überraschung«.

Eine Spiritualität, die das nicht sieht, ist nichts anderes als ein neues Glaubenssystem, das um nichts besser ist als alle alten, weil es aus dem Leben ein Ding macht, das man begreifen und steuern zu können glaubt. Das Leben oder die göttliche Wirklichkeit ist immer neu und nur im Anfängergeist und mit »Nichtwissen« angemessen zu begreifen. Die göttliche Wirklichkeit ist uns immer gegenüber und doch auch unser tiefstes Inneres Dasein selbst. Wir sind es und wir können mit ihr in Dialog treten. Genau genommen sind wir schon immer und bleiben ewig in liebevoller Beziehung zu IHR. »In ihr leben, weben und sind wir« (Apg 17,28).

Schon der Beginn unseres Lebens ist eine solche Erneuerungs-Zumutung: Wir werden aus der Geborgenheit und der warmen Dunkelheit des Mutterleibes hinein in eine kalte, blendende Welt gepresst und geworfen: Schock, Schrei, Schmerz!

Und Trennungsschmerzen begleiten uns durch unser ganzes Leben bis hin zum Tod, der ja wieder Trennung und Loslassen bedeutet. Müssen denn diese Zumutungen sein? Ja! Aber vielleicht kann man ja im Schrei des Neugeborenen nicht nur den Schmerz über die Trennung hören, sondern auch eine Art verwirrte und erschrockene Begrüßung des Neuen.

> 36 Jahre nach dem Trennungsschmerz meiner Geburt erlebte ich die Trennung von meiner Frau. Um diese Trennung annehmen zu können, habe ich als Erwachsener sehr viel länger gebraucht als das Baby, das ich einmal war. Einige Jahre nach der Trennung von meiner Frau schockte mein Körper mich mit einer Herz-Rhythmus-Störung. Ich hatte zu viel gearbeitet und mit zu wenig Liebe gelebt. Um mich auf diese neue Situation positiv einstellen zu können, brauchte ich mehr als ein Jahr. Erst dann gelang mir die notwendige Haltungsänderung, meine Arbeitszeit als Zeitwohlstand umzudefinieren und die Liebe ernst zu nehmen. Heute zählen diese schmerzhaften Erlebnisse zu den folgen- und

> segensreichsten Erfahrungen meines Lebens. Mehr noch: Ich bemerke, dass ich immer schneller in der Lage bin, Neues zu begrüßen und Altes loszulassen.

Wie schnell vergessen Mütter ihre Schmerzen während des Geburtsvorgangs! Bald empfinden sie nur mehr das Glück, das ihnen ihr Kind bereitet.

So vieles während eines Lebens ist neu. Ob du diese Tatsache bedauerst oder begrüßt, ob du darunter leidest oder nicht, liegt einzig und allein in deinem Ermessen. Um dieses Faktum deutlich zu machen, verwendete Buddha das Gleichnis von den ersten und zweiten Pfeilen.

Physische und psychische Schmerzen sind unvermeidlich, wenn wir uns dem Leben stellen. Auch Trennungen gehören dazu. Diese Schmerzen treffen uns von außen. Buddha nennt sie »erste Pfeile«. Was uns dann aber wirklich leiden lässt, sind die »zweiten Pfeile«. Das sind jene, die wir selbst auf uns abschießen, indem wir Schmerz und Unglück klagend oder wütend wieder herholen oder festhalten. Erst diesen zusätzlichen Schmerz nennt der Buddha »Leiden«. Es entsteht aus einer negativen Wahrnehmung des »äußeren Ereignisses« (also des ersten Pfeils). So muss es aber nicht sein. Die wichtigste Botschaft des Buddhismus ist meiner Meinung nach: »Leiden kann beendet werden.«

> Ein kleines Beispiel aus eigener Erfahrung: Mein jüngerer Bruder Martin und ich haben in der Volksschulzeit oft im Wald gespielt. Natürlich haben wir uns oft irgendwo verletzt oder Dornen eingezogen. Mein Bruder hat sich die Dornen gleich herausgezogen und weitergespielt. Ich bin meist zu meiner Mutter gelaufen, wenn sie in der Nähe war, und habe gejammert. Sie hat dann den Dorn herausgezogen und mich in den Arm genommen. Das Jammern oder Weinen war für mich so ein zweiter Pfeil. Leiden beinhaltet immer auch einen (kommunikativen) Gewinn.

Vielleicht erinnerst du dich auch an Trennungssituationen, mit denen du verschieden umgegangen bist, und kannst genau unterscheiden, was dabei die ersten und die zweiten Pfeile waren.

Nochmals zur Erklärung: Ja, der unvermeidliche Schmerz einer gebärenden Frau ist groß. Dennoch gelingt es ihr in kurzer Zeit, ihren körperlichen Schmerz zu vergessen und die Geburt des Kindes als höchstes Glück zu empfinden. Diese Art des Vergessens ohne zu vergessen ist es, was Jesus Christus Metanoia nannte. Metanoia heißt also, alles, und gerade auch das Schmerzhafte und Schlimme, völlig neu wahrzunehmen, es neu zu sehen: es nicht länger als Tragödie zu empfinden und darunter zu leiden, und auch, es nicht länger als Besitz festzuhalten und sich damit zu identifizieren. In diesem Zustand sind wir völlig frei und jedem Ereignis des Lebens gewachsen. Dazu noch eine kleine Geschichte aus China:

> Ein alter Zen-Meister züchtete Pferde. Eines Tages lief sein wertvollster Hengst davon. Die Nachbarn kamen, um ihr Bedauern auszudrücken, doch der Zen-Meister sagte nur: »Woher wisst ihr, dass dies ein Unglück ist?« Am nächsten Tag kam der Hengst, begleitet von einigen Wildpferden zurück, und die Nachbarn kamen, um zu dem Glücksfall zu gratulieren, doch der Zen-Meister sagte nur: »Woher wisst ihr, dass dies ein Glücksfall ist?« Am nächsten Tag wurde der Mönch beim Versuch, eines der Tiere zuzureiten, abgeworfen und brach sich ein Bein. Wieder kamen die Nachbarn, um ihr Mitleid zu bekunden, doch der Zen-Meister sagte nur: »Woher wisst ihr, dass dies ein Unglück ist?« Kurz darauf kam es zu kriegerischen Auseinandersetzungen, doch da der Mönch verletzt war, wurde er nicht als Soldat einberufen.

Du bist es also selbst, der/die bestimmt, wie du auf ein Ereignis reagierst: mit Freude oder Leid, Dankbarkeit oder Abwehr, Resonanz oder Erstarrung. Damit machst du dein Glück oder deine Lebensqualität nicht von äußeren Bedingungen abhängig, sondern davon, wie du auf das schaust, was dir von außen zustößt. Alles, was geschieht, ist Teil des Lebens. Du erlebst eine fortwährende Neuschöpfung und bist in diesem Prozess die geniale Mitgestalterin deines einzigartigen Lebens. Und weil du über deinen Körper mit allem verbunden bist, bist du auch Miterfinder des Universums. Ja, du kannst dir erlauben, jedes noch so schmerzhafte und jedes noch so schöne Ereignis neu und als Wachstumsschub oder Bewusstseinserweiterung zu sehen.

Aber Achtung: Vermeide Beschwichtigung! Wenn du zu dir selbst oder zu anderen sagen würdest: »Na ja! Es war ja halb so schlimm, mach dir nichts draus!«, dann hat das nichts mit Metanoia zu tun. Im Gegenteil: Dies wäre eine zynische Haltung, mit der du das Ereignis und deine Reaktion darauf nicht wirklich ernst nehmen würdest. Worum es geht, ist, jedes Ereignis als Teil deines Lebens zu akzeptieren und es als solches wertzuschätzen, auch wenn es schwer, schwierig oder schmerzhaft ist. Du kannst nicht alles ändern, oft vielleicht auch gar nichts, aber du kannst alles wahrnehmen und mit Mitgefühl (buddhistisch: *metta*, christlich: Liebe) reagieren. Natürlich braucht das Übung und dauert eine Weile. Zunächst einmal ist es schon viel, bei einem schweren Ereignis zu sagen: »Auch wenn ich es noch nicht ganz verstehe, so wird es doch das Beste für mich gewesen sein.« Colin Tipping beschreibt so sehr schön den Prozess der Selbstvergebung.[15]

Achte auf deinen Körper, auf Spannung oder Entspannung, freies oder eingeengtes Atmen. Ist dein Körper im Fluss oder im Stress? Deine Körperreaktionen zeigen dir, in welche Richtung du unterwegs bist. Wenn du dich auf negative Gedanken eingelassen hast oder dich vor allen Dingen auf den negativen Aspekt einer Sache oder eines Ereignisses konzentrierst – egal ob das Ereignis in der Vergangenheit oder der Zukunft liegt, egal, ob du das Negative bekämpfst, fürchtest oder erwartest –, wirst du in dir Gefühle der Unzufriedenheit, Angst, Wut, Anstrengung oder Traurigkeit erzeugen oder wiederfinden. Und diese spiegeln sich in deinem Körper. Daran erkennst du die Richtung, in der dein Geist unterwegs ist und wohin du deine Energie investierst.

Viele spirituelle Lehrer und Gurus sagen uns, wir sollten mehr oder gar ausschließlich positiv denken. Andere halten das Rechnen mit dem Negativen für das einzig Realistische. Unser Körper braucht beides in einem gesunden Wechsel von Spannung und Entspannung.

10 DER KÖRPER ALS LEIBLICHE EINHEIT VON KÖRPER, SEELE UND GEIST

Mir geht es um die Zunahme von Freiheit, von bewusstem Wählen-Können. Wenn du den ganzen Tag im Stress lebst oder den Stress bekämpfst, bist du genauso unfrei wie wenn du den ganzen Tag sinnlos und unentschieden herumhängst. Unsere Gesellschaft macht, dass die einen zu wenig Arbeit und Aufgaben haben und die anderen zu viel davon.

Betrachte jeden Augenblick des Lebens als frei gewählt, und wenn dein Körper dir sein Unbehagen zeigt (zum Beispiel durch Dauerspannung und Dauerstress oder durch Dauerdepression und Müdigkeit), dann mach dir deine einseitigen Denkgewohnheiten klar und ändere sie. Viele Menschen bewegen sich in eine Richtung, weil die anderen das ja auch alle tun, und »was alle tun, kann ja nicht falsch sein«. Für dich aber sollte das keine Begründung sein, es ebenso zu machen. Und wenn du der Einzige bist, der die Freiheit wählt und sich auf keine einseitige Richtung einlässt. Deine bewusste Richtungsentscheidung ist wesentlich. Voraussetzung ist, sich in keiner Situation, weder vergangener noch zukünftiger, als Opfer zu fühlen oder zu deklarieren, natürlich auch nicht als Schuldiger und Täter – du hast immer mitgespielt.

Schließe die Augen. Stelle dir in der Ferne ein Licht vor, auf das du zugehen willst. Mache die ersten Schritte! Bemerke jetzt einige Personen aus deiner Familie, deinem Freundeskreis, deiner Nachbar- und Kollegenschaft um dich herum, und gehe weiter auf das Licht zu. Bemerke aus den Augenwinkeln, wie einige mitgehen und andere zurückbleiben. Kümmere dich nicht darum. Geh weiter unbekümmert und entschlossen auf das Licht zu. Erlaube deinen Mitmenschen ihre eigene Entscheidung, ihr eigenes Tempo, ihre eigene Richtung, ihr eigenes Licht. Mache diese Übung nur in dem Maß und Tempo, in welchem du dich wohlfühlst! Verändere diese Übung, bis du in voller Freude und Kraft auf dein Licht zugehen kannst.

Du kannst dich entscheiden, in welche Richtung du unterwegs bist. Du kannst zwar (illusorisch) versuchen, dich *nicht* zu entscheiden. Aber bedenke: Vielleicht entsteht alles Leid aus einer aufrechterhaltenen Zerrissenheit.

1. Ich gehe die Straße entlang.
   Da ist ein tiefes Loch im Gehsteig.
   Ich falle hinein. Ich bin verloren ...
   Ich bin ohne Hoffnung.
   Es ist nicht meine Schuld.
   Es dauert endlos, wieder herauszukommen.
2. Ich gehe dieselbe Straße entlang.
   Da ist ein tiefes Loch im Gehsteig.
   Ich tue so, als sähe ich es nicht.
   Ich falle wieder hinein.
   Ich kann nicht glauben, schon wieder am gleichen Ort zu sein.
   Aber es ist nicht meine Schuld.
   Immer noch dauert es sehr lange, herauszukommen.

3. Ich gehe dieselbe Straße entlang.
   Da ist ein tiefes Loch im Gehsteig.
   Ich sehe es.
   Ich falle immer noch hinein ... aus Gewohnheit.
   Meine Augen sind offen. Ich weiß, wo ich bin.
   Es ist meine eigene Schuld.
   Ich komme sofort heraus.
4. Ich gehe dieselbe Straße entlang.
   Da ist ein tiefes Loch im Gehsteig.
   Ich gehe darum herum.
5. Ich gehe eine andere Straße.[16]

11 PROGRAMMIERUNGEN, TEUFELSKREISE UND DAS GESETZ DER RESONANZ

Seit wenigen Jahrzehnten haben die bildgebenden Verfahren die Erforschung des menschlichen Gehirns revolutioniert. Die Neurowissenschaftler konnten zeigen, dass wir unsere Denk-, Fühl- und Verhaltensgewohnheiten noch bis ins hohe Alter ändern können. »Synaptische Programmierungen« – das sind elektrische und chemische Prozesse in unserem Nervensystem, an die unser Körper gewöhnt ist. Genauer gesagt ist es unser Leib, unsere Körper-, Seele- und Geist-Einheit, die vom Embryonalzustand an positiv und negativ beeinflusst und programmiert wird. Zu diesen Programmen gehören viele hilfreiche Fertigkeiten, aber auch fatale Teufelskreise, die uns auf Dauer krank machen und die wir – und das ist unsere Aufgabe als Erwachsene – durch bewusste Umkehrung (Metanoia) des Denkens und Wahrnehmens dringend ändern müssen, sonst schaden wir uns und unserer Umgebung nachhaltig.

An diesen Teufelskreisen sind immer Grundannahmen unserer Familie und Gesellschaft, sogenannte Glaubenssätze beteiligt (zum Beispiel: »Man muss im Leben immer auf der Hut sein!«). Ihnen folgen natürlich die entsprechenden Gefühle, zum Beispiel Furcht oder Misstrauen. Wir haben diese Glaubenssätze so oft gehört, dass wir sie schließlich glauben und uns entsprechend fühlen und verhalten. Andere Glaubenssätze, die dazu gut passen, kommen ganz leicht hinzu, sodass erst eine Haltung und dann ein »Charakter« daraus wird. Ein Glaubenssystem hat sich zu einem Seinszustand verfestigt; wir glauben, so zu sein, und natürlich bestätigt unsere Umgebung unsere Haltung. Esther Hicks hat dies das »Gesetz der Resonanz«[17] genannt: Wie man in den Wald hineinruft, so schallt es heraus.

Ich ging einmal in guter Stimmung durch die Grazer Innenstadt und wunderte mich, warum so viele Menschen mich anlächelten, bis ich bemerkt habe, dass ich selbst schon von zu Hause weg ein Lächeln im Gesicht hatte. Probiere das einmal selbst aus. Du wirst sehen, es funktioniert. Man kann das mit schlechter Laune und mit guter Laune machen, mit Dankbarkeit oder mit Misstrauen. Beides wird wie von außen bestärkt. Hartmut Rosa hat das in seinem revolutionären Buch Resonanz soziologisch für alle menschlichen Gebiete nachgewiesen. Das ist kein einseitiges Geschehen. Nicht ich habe die Grazer Atmosphäre aufgehellt oder die Grazer meinen Gemütszustand, sondern beides hat sich in einem Resonanzgeschehen verändert. Zen-Buddhisten, Kybernetiker und systemische Therapeuten sprechen von Feedbackzirkeln und wechselseitiger Interdependenz.

Meine schon erwähnte Ängstlichkeit als kleiner Bub könnte so entstanden sein: Mein Vater meinte immer wieder, dass ich ängstlich sei, und ich hatte das innerlich bestätigt gefunden (geglaubt), wenn ich nicht so hoch auf einen Baum klettern mochte wie mein Bruder. Ähnlich erging es mir auch beim gemeinsamen Springen über Bäche. Ich hatte dabei so ein mulmiges Gefühl. Und ich lernte, dieses Gefühl nennt man offenbar Angst. Aus dem Gedanken »Ich bin ängstlicher als mein Bruder« wurde der Glaubenssatz »Ich bin ängstlich«. Der Tonfall meines Vaters verriet mir übrigens, dass das etwas Negatives ist. Also habe ich versucht, es zu vermeiden oder zumindest nicht daran zu denken.
Mit einem ganz anderen Tonfall sagte mein Vater immer wieder, ich sei schlauer als mein Bruder. Das habe ich gerne geglaubt – und er auch –, besonders, als die Lehrer in der Schule das mit

> guten Noten auch bestätigten. Eine positive Anhaftung war entstanden. Ich war stolz auf meine Intelligenz und bin es noch heute. Ich weiß nicht, wo ich mehr Energie hineinstecke, in die Abwehr oder Verdrängung meiner Angst oder ins Festhalten und Üben meiner Intelligenz.

Programmierungen erkennst du meistens daran, dass sie mit gedanklichen Glaubenssätzen verbunden sind, wie zum Beispiel meine Sätze »Ich bin ängstlich!« oder »Ich bin intelligent!« Die entsprechenden Gefühle, die dazu entstehen, sind Furcht oder Stolz. Wenn du solche positiven oder negativen Glaubenssätze von Kindheit an immer wieder hörst und bestätigt findest (von innen oder von außen), verhältst du dich irgendwann gewohnheitsmäßig danach, ohne zu fragen, ob sie wirklich unabänderlich sind. Die Psychologie sagt dazu Charakter oder Persönlichkeit.

Du beginnst, das Netzwerk der Glaubenssätze für wahr zu halten und ihre Sicherheit zu schätzen wie eine Hängematte. Damit ziehst du Erinnerungen und Verhaltensweisen heran, die sie auch noch bestätigen. Dazu passende Glaubenssätze sowie entsprechende Gefühle und Handlungen kommen dazu, sodass bei ständiger Wiederholung bald eine Haltung und dann ein typischer Charakterzug oder eine »Eigenschaft« entstehen. Und weil du daran glaubst, erfährst du deine Umwelt auch genauso, wie du es erwartest. Dieses Phänomen wird als das schon erwähnte »Gesetz der Resonanz« bezeichnet. Natürlich kann man dieses Phänomen auch umdrehen und äußere Geschehnisse dahingehend abchecken, ob sie vielleicht (bewusst oder unbewusst) inneren Erwartungen oder Programmierungen entsprechen. So wurde mir sinngemäß die folgende Parabel von einem Freund erzählt:

> Am Anfang war Licht. Aus ihm entstand alle Materie durch Verdichtung in bestimmten Bereichen. Alle Wesen waren wie Lichtwesen. Sie konnten sich gegenseitig durchdringen. Freiheit und Liebe waren beide vollkommen und bildeten keine Alternative. Eines Tages beschlossen sie, ein Spiel zur Erheiterung aller zu beginnen. Sie einigten sich auf folgende Regeln: Jedes Wesen kann jedem anderen Eigenschaften, Fähigkeiten, Verhaltens- oder

Erscheinungsweisen usw. andichten, und dieses hat dann die Aufgabe, diese zu spielen. Beispielsweise sagte ein Wesen zu einem anderen: »Du spielst eine Frau, die rote Haare hat und Flöte spielen kann«, »Du spielst einen Löwen und hast scharfe Zähne, eine dichte Mähne und kannst laut brüllen«, »Du bist ein Mann und fürchtest dich vor Löwen. Wenn du einen siehst, läufst du davon.«Das Spiel machte ihnen so viel Spaß, dass sie es immer weiter trieben, und nach einiger Zeit vergaßen sie, dass es nur ein Spiel war. Wenn sich zwei Wesen begegneten und sich über ihre Zuschreibungen austauschten, klang das dann so: »Ich bin ein Mann und kann gut Schiffe bauen und segeln, ich bin mutig und stark«, »Ich bin sehr klug und weiß vieles über das Meer und die Winde«, »Ich bin ängstlich, weil ich mich vor Löwen fürchte.« Darüber vergaßen sie, ihre Rollen zu wechseln, und blieben so, wie es ihnen gesagt worden war.

Die Rollenpakete nannte man bald Identität und gab ihnen zur besseren Identifizierung Namen. Sie waren zwar bald recht schwer, aber dafür verlässlich. Man durfte allerdings nicht mehr damit spielen. Nur im Kopf schaffte man sich ein wenig Erleichterung, indem man die Rollen, die man inzwischen Eigenschaften nannte, in gute und schlechte teilte und sich von den schlechten distanzierte. Aber bald hielt man das auch nicht mehr für ein Spiel, und alles war verdorben.

Seit einiger Zeit gibt es nun Leute, die laut sagen: »Lasst uns wieder Rollen tauschen. Klammert euch doch nicht an eure guten Rollen, als wären sie ewig, und an die schlechten, als wären sie unverzeihlich. Es ist doch nur ein Spiel, was wir selbst uns ausgedacht haben.«

Und immer mehr Wesen begannen wieder zu spielen wie die Kinder, sich an allem zu freuen und ihre ursprüngliche Durchsichtigkeit wiederzugewinnen.[18]

12 INNERE PROGRAMMIERUNGEN: ERZEUGER ÜBERTRIEBENER GETRENNTHEIT UND ÜBERTRIEBENER VERBUNDENHEIT

In diesem Zusammenhang nun einige Gedanken der beiden Meister, die ich besonders schätze, zum Thema automatisierter Gedanken- und Gefühlszirkel. Buddha bezeichnete sie als »Anhaftungen«, Jesus nannte sie »Reichtum« bzw. »Besitz«. Was ist damit gemeint?

Neben vielen Freiheiten und positiven Kraftquellen tragen wir auch eine Menge Unfreiheiten, Verhaftungen, Abhängigkeiten und Konditionierungen mit uns herum. Franz Kafka nannte das unser »tragbares Gefängnis«. Andere nennen es Ego, Charakter oder Persönlichkeit, je nach Geschmack und Weltbild.

Diese inneren Programmierungen manifestieren sich hauptsächlich auf zweierlei Weisen: als übertriebene Getrenntheit oder als übertriebene Verbundenheit. Übertriebene Getrenntheit ist zum Beispiel automatisches und krampfhaftes Wegwollen, Abschieben und Verdrängen von etwas. Hierbei entstehen Gefühle wie Angst, Hass, Wut, Ekel, Aggression, Gleichgültigkeit und Depression. Die Buddhisten nennen das »negative Anhaftungen«.

Übertriebene Verbundenheit ist zum Beispiel automatisches und krampfhaftes Hinwollen, Festhalten, sich Fixieren auf etwas oder jemanden. Das nennt man dann Sucht, symbiotische Beziehungen, zwanghaftes Einkaufen, Essen, usw. Es handelt sich nicht nur um Besitzgier nach allen möglichen Gütern, Häuser und Geld, sondern auch Besitzgier bei der Liebe, also das »Besitzen« von Menschen und Dingen. Dieses Hinwollen erzeugt erst einmal positive Gefühle wie Stolz, Sättigung, Sicherheit, Zufriedenheit, Selbstwert und Selbstmächtigkeit. Deshalb nennen die Buddhisten es »positive Anhaftungen«. Leider müssen diese Zustände – das krampfhafte Weg-von und das ebenso krampfhafte Hin-zu – immer nachgefüttert werden und verbrauchen deshalb viel Energie. Es spricht vieles dafür, dass die meiste Energie, die wir tagsüber verbrauchen, auf das Konto der Absicherung positiver und der Abwehr negativer Anhaftungen geht.

13 BESITZ ALS POSITIVE ANHAFTUNG

In der Begegnung mit einem reichen Mann wird den Jüngern Jesu plötzlich klar, dass positive Anhaftungen viel schwerer loszulassen sind als negative. Die Eröffnung dieser Geschichte ist interessant. Der Reiche sagt zu Jesus: »Guter Meister, was muss ich Gutes tun, damit ich das ewige Leben erlange?« (Heute würde man vielleicht sagen »... damit ich glücklich werde«.) Jesus antwortet: »Was nennst du mich gut, niemand ist gut außer Gott« (Mk 10,17-27). Jesus weist also diese Frage als Bestechungsversuch zurück. Das gute Leben ist nicht zu kaufen.

Wenn ich etwas besitze, Geld oder Intelligenz oder Gut-Sein, dann kann ich damit nur etwas anfangen, wenn es andere gibt, die das nicht haben, also Arme, Dumme oder Böse. Wenn alle sich materiell sicher fühlen, alle auf ihrem Gebiet Meister oder alle gleich gut sind, dann gibt es keine Käuflichkeit, keine Bestechung oder Bedrohung und keine Erpressung. Das nennt Jesus das »Himmelreich«, also einen Bereich oder ein Feld, in dem absolute Freiheit und absolute Verbundenheit »herrschen«. Und dieser Herrschaftsbereich – der weder räumlich noch zeitlich definiert werden kann

– sei, so sagt Jesus, schon jetzt »mitten unter uns« oder »in uns«.

Diese Wirklichkeit nicht wahrzunehmen nennt Jesus »Unglauben«. Buddha spricht von »Unwissenheit« oder »Irrtum«. Glaube oder Wissen ist für beide das Gegenteil: Es bedeutet das Verlassen dieses in Irrtum und Zirkelschlüssen gefangenen Denkens hin zu freiem Denken, liebevollem Fühlen und verantwortlichem Tun.

Ich stelle mir das so vor:

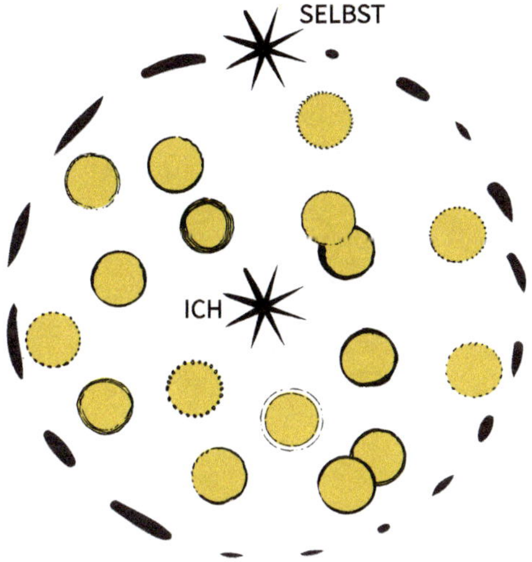

Abb. 1: Das Feld der Potenziale

Wir werden in eine Fülle von Möglichkeiten, Kraftquellen und Potenzialen hineingeboren. Nichts ist festgelegt, alles ist frei zugänglich und wählbar. Das entspricht dem ursprünglichen menschlichen Zustand, dem Paradies.

Allmählich fangen wir an, uns mit einzelnen Potenzialen zu identifizieren, sie an uns zu binden und sie wie einen Besitz festzuhalten. Statt zu sagen: »Ich habe mich der universalen Intelligenz bedient«, verwenden wir den Glaubenssatz »Ich bin intelligent.« Oder aus »Ich bin schnell weggelaufen« wird der Satz »Ich bin ängstlich«. Aus Fähigkeiten und Möglichkeiten werden scheinbare Besitzansprüche oder Anhaftungen, wie es die Buddhisten ausdrücken.

Durch ständiges Wiederholen und Rezitieren entsteht tatsächlich so etwas wie eine Wirklichkeit. Wir *sind* dann auch ängstlich (negative Anhaftung) oder intelligent (positive Anhaftung). Biochemische

Prozesse werden zu eingefahrenen synaptischen Verknüpfungen; Gefühle bestätigen unsere Gedanken, sodass wir sie schließlich glauben und uns danach verhalten. Also gehört auch unser Verhalten in den oben erwähnten Feedbackzirkel von Gedanken und Gefühlen. So bildet sich das aus, was Charakter oder Persönlichkeit genannt wird: das Ego, ein tragbares Gefängnis.

Abb. 2: Das Ego, ein tragbares Gefängnis

14 BESITZ ALS TRAGISCHER IRRTUM

Eher geht ein Kamel durch ein Nadelöhr, als dass ein Mensch mit einem solchen »Besitzstand« glücklich wird, sagt Jesus zu seinen Jüngern, nachdem der Reiche traurig davongegangen ist (Mk 10,25-27). Also ist das menschlich gesprochen unmöglich. Aber im göttlichen Bereich ist genau das immer wieder der Fall: die Auflösung dieses Ego-Knotens in ein freies, wolkiges ICH-SELBST aller Möglichkeiten (s. Abb. 1). Die mittelalterlichen Mystiker haben diese Existenzweise als »Wolke des Nichtwissens« beschrieben.

Unsere Persönlichkeit, manche nennen sie Ego, besteht aus lauter eingebildeten, selbstgeschaffenen Eigenschaften. Der Nachteil dieser Art von Reichtum ist, dass wir ständig Energie aufwenden müssen, um ihn festzuhalten und zu sichern. In Wirklichkeit stehen und standen uns schon immer all diese Fähigkeiten und Kräfte frei zur Verfügung.

Wofür wende ich viel Energie auf?

Neben vielen Freiheiten und hilfreichen Kraftquellen trägt jeder von uns auch einige Programme von Anhaftungen, Abhängigkeiten und Konditionierungen mit sich herum. Andere nennen es

Identität, Charakter, Ego oder Persönlichkeit, je nach Geschmack und Weltbild. Wie Abbildung 2 zeigt, schneidet mein Ego mich vom größeren Ganzen ab, isoliert und individualisiert mich und bildet sozusagen ein »Ersatz-Selbst«. Dieser Klumpen von Anhaftungen besteht aus lauter einzelnen Teufelskreisen, Feedbackzirkeln, Abhängigkeiten und Konditionierungen, mit denen wir uns mehr oder weniger identifizieren (symbolisiert durch die kleinen grauen Kreise). Wir betrachten sie bereits als »Eigenschaften«, die zu uns gehören. Manche halten wir für gut und sind stolz darauf (positive Anhaftung), andere halten wir für schlecht (negative Anhaftung), weshalb wir ängstlich bedacht sind, sie zu verstecken oder anderen die Schuld dafür in die Schuhe zu schieben. Alle kleinen grauen Kreise sind durch ständige Wiederholungen eingeübte, innere Kreisprozesse; sie bestehen aus Gedanken, Bildern, Erinnerungen und Vorstellungen sowie aus den damit erzeugten Gefühlen und den aus diesen Gefühlen motivierten Handlungen.

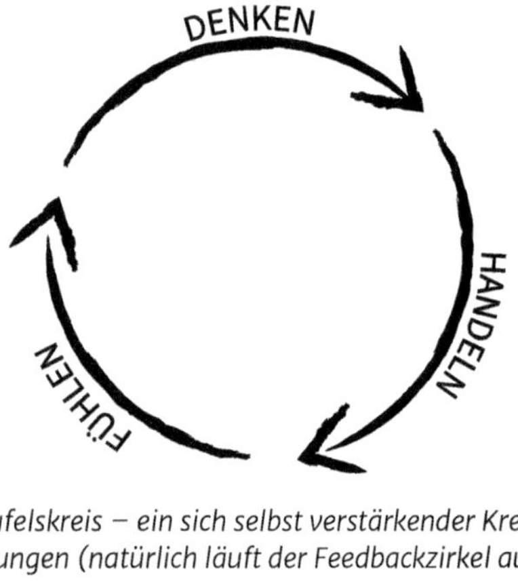

Abb. 3: Einzelner Teufelskreis – ein sich selbst verstärkender Kreis von Gedanken, Gefühlen und Handlungen (natürlich läuft der Feedbackzirkel auch umgekehrt)

> Ich denke zum Beispiel, dass ich ängstlich bin, und ich handle danach, indem ich nicht so hoch auf die Bäume klettere wie mein Bruder und beim Springen über Bäche vorsichtiger bin, fühle dabei eine fast unmerkliche Enge in meinem Brustkorb und bestätige so mein Denken. Das Ego ist also quasi in sich selbst gekrümmt und gefangen im Teufelskreis des programmierten Denkens, Fühlens und Handelns.

Schließlich entsteht ein klebriges Konglomerat kleiner grauer Kreise – Symbol für unseren mit bereits einer gewissen Kontinuität ausgestatteten, konsistenten Charakter. Er hat sich im Zusammenspiel zwischen der Gesellschaft und uns, dem werdenden Individuum, entwickelt.

Wie entsteht dieses Gefängnis, Persönlichkeit oder Charakter genannt? Ganz einfach: Ich nehme eine oder mehrere der wunderbaren Kräfte des Universums in Gebrauch, spiele damit, übe sie ein und bin auf einem guten Weg, darin Meister zu werden. Der Klebstoff, der das zum Ego verklumpen lässt und zu einem Gefängnis macht, ist Angst und Gier: Die Angst, es zu verlieren, und die Gier, es zu behalten und anzuhäufen. Du kannst dir vorstellen, wie viele Gründe es geben kann, sich auf dieses Gut draufzusetzen und es nicht zu teilen oder zu versuchen, es nie wieder loszulassen. (Natürlich ist das eine Illusion, weil es ja Kräfte sind, Energien, Flüsse, die nicht festzuhalten sind.) Diesen Vorgang könnte man sich wie in Abbildung 4 vorstellen:

Abb. 4: Selbsteinengung. Aus dem bunten Potenzial des Universums greife ich einiges heraus, spiele damit, übe es ein und tue schließlich eine Zeit lang so, als gehöre es mir allein.

Die Entstehung unseres Egos ist also ein notwendiger Zwischenprozess. Wir begreifen die Macht und Schönheit der einzelnen Kräfte erst richtig, wenn wir sie tatsächlich in Gebrauch nehmen. Unangenehm wird es erst dann, wenn sich das Ego verhärtet oder »verklebt«, indem wir uns an positiven Mustern verkrampft festhalten und/oder die negativen Muster ängstlich abwehren. Aber auch diese schmerzhaften Verhärtungen und Verklebungen stellen einen natürlichen und notwendigen Zwischenschritt dar: Sie helfen uns dabei, nach unserer Selbstbefreiung zu suchen, weil wir sie nicht mehr mit uns herumschleppen wollen. Dann erleben wir die köstliche Aktivität des Loslassens und der Befreiung. Der Klebstoff, den es aufzulösen gilt, heißt Angst. Die Angst, etwas Sicheres, oder etwas, das mal geholfen hat, zu verlieren, oder die Angst, von etwas scheinbar Negativem überwältigt und vernichtet zu werden. Die meisten Menschen sprechen über sich aus diesem Klumpen heraus. Aber diesen Klumpen kann man wieder auflösen wie einen Salzkristall, der seinen Geschmack erst bekommt, wenn er sich auflöst. In diesem Sinn hat Jesus einmal paradox formuliert: »Wer sein Leben festhalten will, der wird es verlieren. Und wer es loslässt, der wird es retten« (Lk 17,33).

Schau dir Abbildung 1 an. Alle Kräfte des Universums, die dir zur Verfügung stehen und die du dir auch schon zum großen Teil angeeignet und eingeübt hast (beispielsweise Selbstwirksamkeit, Mitgefühl und Liebe, Ausdruckskraft und Kreativität, Wahrnehmung und Transzendenz), all diese Fähigkeiten und Energien gehören allen, kommen allen zugute und machen erst dann wirklich Freude, wenn sie fließen und strömen dürfen. Sexualität ist da ein gutes Beispiel. Aber auch deine Fähigkeiten, Spezialisierungen und Meisterschaften, die du gewählt hast – jeder Mensch hat da Schwerpunkte, du musst nicht alles können –, machen erst wirklich Sinn und Freude, wenn sie in Resonanz mit anderen Lebewesen oder Dingen oder mit einem größeren Ganzen stehen.[19]

Der Gefangene, der in dem tragbaren Gefängnis der kleinen grauen Kreise eingesperrt ist, ist dein FREIES ICH. In den Abbildungen 2 und 4 entspricht es dem kaum sichtbaren Punkt in der Mitte des Kreises. Was ich das FREIE ICH (= deinen dimensionslosen Mittelpunkt) nenne, hatte ursprünglich Zugang zu allen Aspekten des Großen Ganzen. Dieses Große Ganze ist in der Grafik als äußere punktierte Kreislinie gezeichnet. Der obere Stern symbolisiert dein SELBST (= die Realisierung des Ganzen im Einzelnen, das Göttliche in dir). Es ist direkt verbunden und eins mit dem FREIEN ICH.

15 DEN TEUFELSKREIS AUFBRECHEN – MIT BEGEISTERUNG UND DANKBARKEIT

Die gute Botschaft der Hirnforscher[20] lautet nun: Wir können uns ändern. Es ist uns möglich, selbst die eingefahrensten Identifikationen aufzubrechen und uns davon zu befreien. Natürlich nicht von allen auf einmal, aber von einer nach der anderen. Ich habe bereits erwähnt, dass auch Jesus schon die frohe Botschaft – das »Evangelium« – mit seinem zentralen Begriff der Metanoia ausgedrückt hat, mit der Umkehr von Denken und Wahrnehmung. (Traditionell wird dies meist kurz mit »Umkehr« oder »Buße« übersetzt.) Das zentrale Werkzeug oder Mittel für die Befreiung ist etwas Geistiges, und zwar die Umstellung unseres Denkens über uns selbst und die Umstellung unserer Wahrnehmung der Welt. Diese Bewusstseinsumstellung, zu der wir immer wieder durch jedes negative Gefühl herausgefordert werden, ist ein wichtiger Aspekt des christlichen Gottesbegriffes: Er wird als »Heiliger Geist« bezeichnet. Bruder David Steindl-Rast, der aus Österreich stammende Benediktinermönch, überraschte mich bei einem seiner Vorträge, indem er vom weiblichen Charakter des Heiligen Geistes sprach. Er nennt SIE »die heilige Begeisterung«.

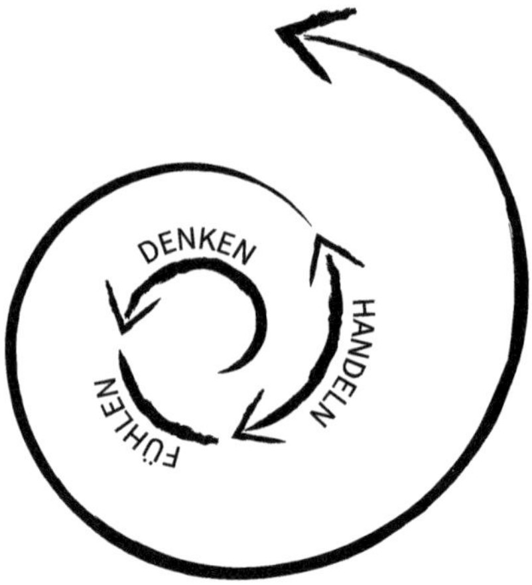

Abb. 5: Die befreiende Spirale

Schon das Bewusstmachen deines Denkens, Fühlens und Handelns macht aus dem geschlossenen (Teufels-)Kreisprozess eine Spiralbewegung. Der Teufelskreis ist aufgebrochen und verwandelt sich. Die Aufwärtsspirale erweitert dein Bewusstsein und gibt Spielraum.

Der Neurobiologe Gerald Hüther hat Folgendes herausgefunden: Kinder lernen vor allem durch ihre *Begeisterung*. Durch Angst, Druck und Gewalt entstehen innere und äußere Gefängnisse. Wenn du dich also umstellen willst, so achte unbedingt auf Gefühle von Freude, Begeisterung und Lust. Umdenken soll begeistern! Betrachte Gefühle von Angst und Stress als Signale des alten Denkens. Verlasse es sofort!

16 »WENN DU EIN TOTES PFERD REITEST, STEIG AB!«

Dieses indianische Sprichwort beschreibt sehr gut, wie es weitergeht, nachdem du erkannt hast, dass dein Ego dich nicht mehr weiterbringt, sondern einengt. Bleibe um Gottes Willen nicht aus Sicherheitsgründen auf dem toten Pferd sitzen und warte darauf, dass sich das tote Pferd erholt – quasi nach der Devise: »Ich habe doch so lange auf dem Pferd gesessen, das kann doch nicht sinnlos gewesen sein.« Steig ab! Und wenn du nach dem Absteigen auf der Erde angekommen bist, schau dich um: Was könnte dir nun Freude und Lust bereiten?

Kümmere dich nicht mehr um die alten, verkrusteten Anhaftungen (also die grauen Kreise, die nun schwarz sind = das tote Pferd) und belasse sie an ihrem ursprünglichen Platz. Aus deinen Eigenschaften erwachsen nun neue Fähigkeiten, aus alten Zwängen neue Möglichkeiten, aus gefährlichen inneren Bomben neue Quellen, die du nutzen kannst, aber nicht musst (durch die bunten Kreise außerhalb des ehemaligen Gefängnisses symbolisiert). Das ist Heilung oder Befreiung – nicht mehr und nicht weniger.

Ich weiß, wovon ich spreche. In meiner Kindheit entstand meine Ängstlichkeit durch meinen Vater – ohne ihn beschuldigen zu wollen, denn auch er hatte seine Glaubenssätze irgendwoher und nicht hinterfragt. Heute kann ich meine Ängstlichkeit (= grauer Kreis) zum Beispiel im Straßenverkehr als Vorsicht und Aufmerksamkeit (= ein bunter Kreis) gut gebrauchen. Indem ich den irrtümlichen Zusammenhang zwischen Angstgefühlen und der sogenannten Realität durchschaut habe, sehe ich die Realität in neuem Licht. Erleuchtung oder Befreiung heißt, Licht in einen irrtümlich angenommenen Kausalitätszusammenhang zu bringen. Erleuchtung ist Wahrnehmung von Realität. Die Realität ist, dass das Denken frei ist. Das FREIE ICH. Wir werden das in diesem Buch noch mehrmals durchbuchstabieren!

Deine Aufgabe besteht darin, das Ego oder Ersatz-Selbst loszulassen, um Schritt für Schritt die einzelnen Eigenschaften zu frei verfügbaren Fähigkeiten und Ressourcen werden zu lassen. Diese müssen dann nicht mehr ängstlich gehütet oder abgewehrt werden, sondern stehen einem FREIEN ICH zur Verfügung, welches sich ihrer bei Bedarf und je nach Situation bedienen kann, aber nicht muss.[21]

> Erinnere dich kurz an eine negative Erfahrung, ohne ganz hineinzugehen, und mache dir die damit verbundene Angst, Ohnmacht oder Wut bewusst. Denke nun an eine positive Erfahrung, bis die Angst weg ist. Das funktioniert sogar, wenn du an positive Erfahrungen denkst, die andere gemacht haben.

Gefühle sind die chemischen Aufzeichnungen wiederholter Erinnerungen an vergangene Erfahrungen, wiederholter Bilder und wiederholter Fantasien. Durch wiederholtes Denken an ein negatives Ereignis, gekoppelt mit den entsprechenden negativen Gefühlen und biochemischen Ausschüttungen, entstehen synaptische Verknüpfungen, die wiederum die negativen Erinnerungen bestätigen. Da unser Körper das nicht relativieren kann, weil er keine Zeit kennt, erlebt er diese Situation noch einmal, als wäre sie jetzt. So entsteht tatsächlich eine Wirkung durch Wiederholung.

17 DIE WAHL, POSITIVE WIRKLICHKEITEN ZU ERSCHAFFEN

Wir können unsere kreative Kompetenz natürlich auch auf die Erschaffung positiver Wirklichkeit ausrichten. Die Wahl zwischen einer grundsätzlich positiven oder negativen Ausrichtung bleibt uns allerdings nicht erspart, denn man kann bekanntlich nicht nicht kommunizieren. Für die Übermacht des Guten gibt es ebenso wenig einen Beweis wie für die Übermacht des Bösen. Wenn du also nicht wissen kannst, was letztlich stimmt, was wählst du dann? Natürlich das, was dir guttut. Ein negatives Gefühl ist ein Zeichen dafür, dass dir etwas nicht guttut.

Identifiziere die negativen Gefühle oder Zustände, die mit dem von dir ausgewählten Glaubenssatz einhergehen. Es können mehrere sein:

Wut
Angst
Minderwertigkeit, Wertlosigkeit
Trotz, Schmollen

Abb. 6: Begeisterung macht alles wieder lebendig und bunt

Hass, Selbsthass, Frust
Selbstmitleid
Scham
Depression, Traurigkeit
Schuld
Überforderung
Überheblichkeit, Stolz
Gefühllosigkeit, Kälte
Neid
Mangel
Sorge
Gier

Schreibe nun auch noch deine übliche Verhaltensweise dazu, die du entwickelt hast, wenn du in diesem Kreislauf von Denken und Fühlen gefangen bist. Hier nur ein paar Möglichkeiten:

sich zurückziehen
schmollen

schlafen gehen
essen
sich ins Auto setzen
shoppen gehen
streiten
schimpfen
angeben
flirten
sich beklagen
sich bemitleiden
krank werden
sich betrinken
sich verwirrt fühlen usw.

Notiere dir den negativen Glaubenssatz, die damit verbundenen Zustände und Gefühle, dein dann übliches Verhalten sowie alles, was damit verbunden ist. Beantworte bitte zusätzlich noch die folgenden drei Fragen:
Was für eine Art Mensch bin ich, wenn ich daran glaube? Wie zeige ich mich anderen gegenüber, wenn ich davon überzeugt bin?

Möchte ich das ändern? (Achtung: Es kann Ungemach und sogar Ärger geben!)

Wer will ich in der neuen Wirklichkeit sein?

Und nun schreibe oder male ganz groß und farbig auf einen zweiten Zettel:

Welche neue Erfahrung will ich machen?

Wer will ich in der neuen Wirklichkeit sein?

Wenn du es schaffst, an dieser Stelle eine wirklich neue Seins-Vorstellung für dich zu kreieren, die mit Freude verbunden ist, schreibe sie auf, male sie dir aus, singe oder musiziere sie, verkörpere den Seinszustand im Tanz, gib ihm eine Form oder einen Ausdruck.

In der Spätantike finden wir folgendes Lied:[22]

»Ich lobe den Tanz,
denn er befreit den Menschen
von der Schwere der Dinge,
bindet den Vereinzelten
zu Gemeinschaft.
Ich lobe den Tanz,
der alles fordert und fördert:
Gesundheit und klaren Geist
und eine beschwingte Seele.
Tanz ist Verwandlung des Raumes, der Zeit,
des Menschen, der dauernd in Gefahr ist zu zerfallen,
ganz Hirn, Wille oder Gefühl zu werden.
Tanz dagegen fordert den ganzen Menschen,
der in seiner Mitte verankert ist,
der nicht besessen ist
von der Begehrlichkeit nach Menschen und Dingen
und von der Dämonie der Verlassenheit im eigenen Ich.
Der Tanz fordert den befreiten,
den schwingenden Menschen
im Gleichgewicht aller Kräfte.
Ich lobe den Tanz.
Lerne tanzen, sonst wissen die Engel im Himmel mit dir nichts anzufangen.«

Das Alte ist vergangen, auch wenn du dir noch so viel Mühe damit gemacht hast. Ergreife das Neue und lasse es nicht wieder los! »Wer seine Hand an den Pflug legt und sieht zurück, der ist nicht geschickt für den Himmel«, sagt Jesus (Lk 9,62). Er denkt und redet körperlich und handgreiflich: Wer eine Furche ziehen will, muss nach vorn schauen. Nur dann wird die Furche gerade.

»Aber man muss doch das Alte würdigen« – so könnte ein hindernder Glaubenssatz lauten, der besonders in der Psychotherapieszene sehr beliebt ist. Einmal wollte jemand mit Jesus mitgehen, zögerte aber noch: »Lass mich bitte erst noch meinen Vater begraben«, sagte er, worauf Jesus antwortete: »Lass die Toten ihre Toten begraben, und du komm und folge mir!« (Mt 8,22) Hier wird deutlich, wie radikal und kompromisslos Jesus das Umdenken (Metanoia) gesehen hat. Es zerbricht alle alten (familiären und gesellschaftlichen, religiösen und kulturellen) Bindungen und Verpflichtungen.

»Wenn du merkst, dass du ein totes Pferd reitest, steig ab!« Wenn du ein wunderbares Geschenk bekommen hast, eine neue Qualität des Seins, die mit Freude oder Begeisterung oder einem Liebesstrom verbunden ist, dann lasse alles Zweitrangige sausen. »Verschenkt alles, was ihr besitzt – dann habt ihr euren Schatz im Himmel – und folgt mit mir dem NEUEN!« ruft Jesus uns, den »Reichen, Besitzenden« zu (Lk 8,22). Da gibt es keine Rücksicht auf Erwägungen und Bedenken. Bist du schon einmal in deinem Leben deinem Herzen gefolgt? Dann weißt du, wie das ist. Und du kannst die folgenden Abschnitte ruhig überspringen.

18 MIT BEGEISTERUNG IN RICHTUNG FREIHEIT AUFBRECHEN

Du brauchst viel Begeisterung und Entschlossenheit, um in Richtung Freiheit und Befreiung zu gehen. Denn die schlechte Botschaft der Hirnforschung und der kognitiven Psychologie ist, dass du am »alten Schlechten«, also an den negativen, aber gewohnten Programmierungen und Glaubenssätzen enorm hängst, weil sie dir so vertraut sind. Diese beharrenden Kräfte sind sehr stark. Oft wählt man lieber das vertraute Schlechte als das bessere, aber ungewohnte Neue. Wenn du zehn gute Erfahrungen am Tag gemacht hast und eine schlechte – sei ehrlich: Woran denkst du am Abend? Auch das kannst du mit Bewusstheit ändern.

Dieses beharrende Verhalten hängt mit der Evolution zusammen. Unser Stammhirn – manchmal auch »Reptilienhirn« oder Gefahren-Netzwerk genannt – funktioniert seit Urzeiten immer noch so, als ginge es ständig ums Überleben. Zuständig für den Stress ist dabei das sympathische Nervensystem, das uns durch die Ausschüttung von Adrenalin und Cortisol auf aktuelle Gefahren schnell reagieren lässt. Dabei wird auch kurzfristig das Immunsystem heruntergefahren. Die drei bewährten Reaktionen im Überlebensmodus sind Flucht, Angriff oder Totstellreflex (also emotionales oder körperliches Erstarren). Nach diesen schnellen und relativ kurzen Reaktionen bei akuter Gefahr sollten aber das parasympathische Nervensystem und seine Neurotransmitter wie Serotonin usw. wieder die Oberhand gewinnen, sodass das Immunsystem in einem entspannten Körper seine Arbeit wieder aufnehmen kann. Wenn aber die akuten Stressreaktionen zum Dauerzustand werden, können sie tödlich sein – damals wie heute. Beobachte dich oder andere im Alltag: Viele von uns sind zwölf und mehr Stunden am Tag im Dauerstress und können natürlich dann abends kaum mehr abschalten. Sie verlängern den Stress weit über den Punkt hinaus, wo aufmerksame und schnelle Reaktion nötig war. Wenn unser Organismus daran gewöhnt ist, schaffen wir uns neue Sorgen und Ängste, selbst wenn wir plötzlich Zeit haben und frei sein könnten, zum Beispiel am Abend oder im Urlaub oder wenn wir in Pension sind. Manchmal zieht unser Körper dann die Notbremse mit irgendeiner Erkrankung.

Viele Menschen, besonders in den Industrieländern, leben aber so, als seien sie ständig in Gefahr. Es geht ihnen so, wie Nasrudin, der weise Narr des Nahen Ostens es so schön auf die Schippe genommen hat:

> Nasrudin lief laut in die Hände klatschend durch die Straßen, und als er gefragt wurde, warum er dauernd in die Hände klatsche, antwortet er: »Na, um die Tiger zu vertreiben.« »Aber es gibt doch hier gar keine Tiger«, wandte der Frager ein. »Eben!«, rief Nasrudin triumphierend.

Genau wie dieser Zirkelschluss funktioniert auch unser Gewohnheitsdenken, mit dem wir uns selbst an der Nase herumführen. Man könnte darüber lachen, wenn diese Zirkelschlüsse nicht so viel leidvolle Wirklichkeit erschaffen würden. Dieses Leiden kann durchbrochen werden, wenn wir unsere Fähigkeit zu bewusstem Denken, Fühlen und Handeln einsetzen und stetig ausbauen. Diese Kompetenz läuft über den sogenannten Neokortex, eine der evolutionsgeschichtlich jüngeren Hirnstrukturen, die uns Bewusstheit und Kreativität ermöglichen. Dass und wie das tatsächlich geht, soll dieses Buch zeigen.

19 METANOIA: MENTALES FITNESSTRAINING FÜR EINEN »WEITWANDERWEG«

Metanoia ist ein Weg, der gleichzeitig das Ziel ist. Ich habe schon darauf hingewiesen, dass bis noch vor ein paar Jahrzehnten Wissenschaft und Medizin der Meinung waren, dass Erwachsene ihre Hirnstrukturen nicht mehr viel oder überhaupt nicht entscheidend ändern können. Dank der modernen Neurobiologie weiß man inzwischen, dass das nicht stimmt. Nicht nur Buddha und Jesus, sondern auch Sigmund Freud und Karl Marx haben das Leugnen der Veränderungsmöglichkeit des Menschen als leidbringenden Irrtum und unbewussten Herrschaftsmechanismus entlarvt.

Und das haben Jesus Christus und Karl Marx gemeinsam: Sie sahen und zeigten, dass das *Umdenken* nicht nur von individuellem Leid befreit, sondern auch bis in die kollektiven Machtstrukturen hinein wirkt. Wenn du dich für *ein neues Denken und Wahrnehmen der Welt* entscheidest, wirst du heutzutage zwar nicht mehr hingerichtet wie Jesus, aber doch wie Karl Marx immer noch oft für einen Idealisten oder Terroristen gehalten, im öffentlichen Raum angefeindet und vielleicht sogar in der eigenen Familie als Spinner angesehen. Vielen

Mitmenschen erscheint das alte Denken vertraut und komfortabel, auch wenn sie sich objektiv selbst damit schaden.[23]

> Eines Tages kam Thomas Alva Edison von der Schule nach Haus und gab seiner Mutter einen Brief. Er sagte: »Mein Lehrer hat mir diesen Brief gegeben und sagte mir, ich solle ihn nur meiner Mutter zu lesen geben.« Die Mutter hatte die Augen voller Tränen, als sie dem Kind laut vorlas: »Ihr Sohn ist ein Genie. Diese Schule ist zu klein für ihn und hat keine Lehrer, die gut genug sind, ihn zu unterrichten. Bitte unterrichten Sie ihn selbst.« Viele Jahre nach dem Tod der Mutter – Edison war inzwischen einer der größten Erfinder des Jahrhunderts – fand er in einer Schreibtischschublade ein zusammengefaltetes Blatt Papier – den Brief des Lehrers. Er öffnete ihn und las: »Ihr Sohn ist geistig behindert. Wir wollen ihn nicht mehr in unserer Schule haben.« Edison weinte und schrieb in sein Tagebuch: »Thomas Alva Edison war ein geistig behindertes Kind. Durch eine heldenhafte Mutter wurde er zum größten Genie des Jahrhunderts.«

20 METANOIA: INNERE UND ÄUSSERE KOMFORTZONEN VERLASSEN

Wenn du jetzt beim Lesen mehr Unbehagen als Begeisterung empfindest, dann lege dieses Buch lieber beiseite und warte ein bisschen. Oder schenke es jemandem anderen.

Das mentale Fitnesstraining dieses Buches erfordert Entschlossenheit und Ausdauer für einen langsamen, beständigen Übungsweg. Neben Begeisterung brauchst du eben auch Entschiedenheit und Geduld. Sobald du dich entschieden hast, gibt es keine Rückfälle mehr, wohl aber jede Menge Ehrenrunden, die immer schneller vergehen werden und schließlich nur noch aus einem Lachen bestehen.

Das alte lineare Denken sagt dir: Du musst mit Hilfe von Kampf, Flucht oder Gefühllosigkeit, d. h. unter Stress, von dem Alten weg, um zu etwas Neuem hinkommen!

Metanoia sagt dir: Springe aus der horizontalen Raum-Zeit-Achse in die vertikale, transpersonale Achse der Zeit- und Grenzenlosigkeit.

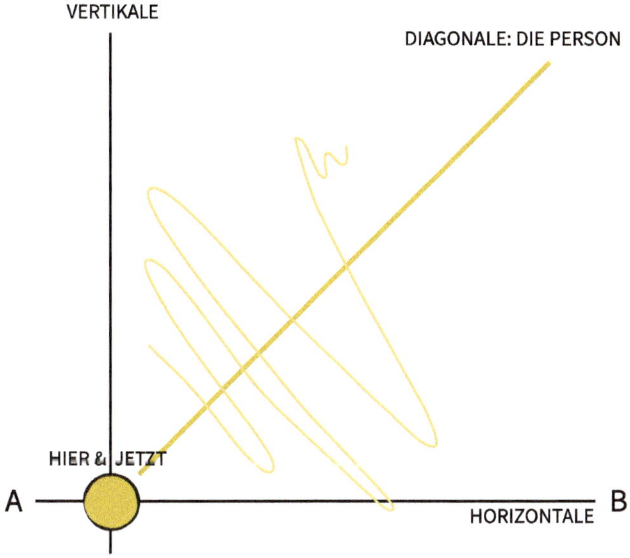

Abb. 7: Horizontale und Vertikale, Tonal und Nagual, Ich und Selbst, und die immer weiter werdende Person

Mit der Spannweite unseres Bewusstseins verbinden wir die Horizontale (das Denken und Handeln in Raum und Zeit) und die Vertikale (das Überschreiten von Raum und Zeit, »Unendlichkeit« und »Ewigkeit«).

Das christliche Kreuzzeichen kann man so sehen: Die Horizontale bezeichnet unser »normales Denken und Handeln in Raum und Zeit«: von etwas weg zu etwas hin. Das ganze Leben wird als lineare Entwicklung verstanden, als kausale Verknüpfungen von Ursachen und Wirkungen. Die Vertikale jedoch überschreitet (transzendiert) Raum und Zeit. Sie schneidet die Horizontale immer im Hier und Jetzt. (Dieses »Schneiden« kann man auch als schmerzhaft empfinden und das ganze Kreuz als Folterwerkzeug.)

In der biblischen Paradiesgeschichte sind diese zwei Wirklichkeiten als Baum der Erkenntnis von Gut und Böse sowie als Baum des Lebens symbolisiert. Im Osten heißen sie Yin und Yang. Bei den indianischen Schamanen Nord-, Süd- und Mittel-Amerikas nennt man sie Tonal und Nagual.[24] *Tonal* ist unsere Alltagswirklichkeit, die mit Raum und Zeit rechnet, das lineare Denken in Zusammenhängen oder Polarisierungen von Ursache und Wirkung, Gut und Böse, innen und außen usw. Nagual, das Unfassbare, bezeichnet die Schwingung der Welt (oder eben des Bewusstseins), die im Gegensatz zum Tonal, dem Fassbaren, weder Energie noch Materie, weder Konzept noch Gedanke, weder Gefühl noch Körper ist. Nagual ist die zeitlose Wirklichkeit der Unendlichkeit, die das Tonal immer im Hier und Jetzt trifft (s. Abb. 7). Im Neuen Testament wird diese zeitlose Wirklichkeit *Himmel* oder *Gottesreich* genannt. Sie ist mit dem logischen Denken nicht zu erfassen, aber immer erfahrbar, wenn wir uns auf die Gegenwart, das Hier und Jetzt einlassen. Dabei sind viele Techniken unterstützend, zum Beispiel Meditation, Gebet, Kontemplation, achtsamer Dialog, achtsames Gehen, Yoga usw.

In meinem Buch *Selbstliebe als Lebenskunst* habe ich die beiden Wirklichkeiten »Ich« und »Selbst« genannt. Das Ich ist unsere intentionale Kompetenz, bei der wir zu etwas hin und von etwas weg wollen, unsere Fähigkeit zu unterscheiden, zu bewerten und zu entscheiden. Das Selbst ist das Bewusstsein unseres Seins in Verbundenheit, die Christus-Wirklichkeit, unsere innerste Quelle von Liebe und Begeisterung. Das Ich ist das Wollen, dass Selbst ist das Sein. Wohlgemerkt: Mit »Selbst« und »Ich« sind nicht das gute »höhere Selbst« und das Böse »Ego« gemeint. Beides gehört zusammen wie zwei Seiten einer Münze, wie auch Yin und Yang oder die beiden Balken des Kreuzes. Sie dürfen weder getrennt noch vermischt werden. Es handelt sich um die linearen, fokussierenden, wissbegierigen Ich-Aktivitäten und Einstellungen ebenso wie das aus der Quelle der Unendlichkeit, der Unbegrenztheit (buddhistisch: der Leere) und des Nullpunktfeldes gespeiste *Selbst-Bewusstsein.* Diesen Zusammenhang kann man mit schulischem Verstand nicht begreifen. Man kann ihn aber erfahren und leben, oder, wie spirituelle Lehrer sagen, »praktizieren«. Das Verbinden und Wechseln dieser beiden Lebensvorgänge ist ein lebenslanger Übungsweg.

Das Vertikale ist nicht besser als das Horizontale. Dies ist das Missverständnis der Kirchen und Esoteriker (während viele Techniker und Wissenschaftler es umgekehrt sehen). Es geht darum, in meiner einzigartigen personalen Lebensgestaltung beide

Dimensionen miteinander zu verbinden, ohne sie zu vermischen, und gleichzeitig beide Lebensweisen zu praktizieren, ohne sie zu trennen: Das ist die Lebenskunst!

Das Interesse des Selbst ist Lebendigkeit und ständige Erneuerung – was wiederum dasselbe ist. Die Unterscheidung von Ich und Selbst dient dazu, in der Praxis, das heißt im eigenen Leben, beides immer mehr zu integrieren, ohne es zu vermischen: das Alte und das Neue, tun und nichts tun, Kopf und Herz oder Tonal und Nagual. Dabei erhöht sich die Spannweite unseres Lebens, also die Weite unseres Denkens und unseres Fühlens, enorm.

Befreit sind wir, wenn wir aus der Verbundenheit heraus leben und das Tonal (das Ich) nur noch als Werkzeug für notwendige, aber kurzfristige Stress-Situationen verwenden. Nicht mehr das *lineare Nur-Kopf-Denken* wird den größten Teil unseres Lebens bestimmen, sondern das *Herz-Kopf-Denken im Pendeln zwischen beidem.* Wir werden weiterhin die Newtonsche Physik als ein grobes Modell von Raum und Zeit verwenden, aber auch zunehmend die Quantenphysik anwenden (die »göttliche« Wirklichkeit, die nicht in die Kategorien von Raum, Zeit und Kausalität hineinpasst, sondern Entfaltung von Leben in seiner unendlichen Potenzialität und Verwobenheit). Es geht also nicht darum, das Alte schlecht zu machen und das Neue zu erkämpfen (das wäre noch eine Lösung erster Ordnung, also das alte Paradigma). Es geht darum, unsere Freiheit und Wahlmöglichkeit zu vergrößern.

Angst, Scham, Schuld, Kampf, Flucht und Erstarrung bekommen ihren Platz, aber verlieren ihre Zwanghaftigkeit und ihren Automatismus. Hirnforscher würden es so erklären: Synaptische Verknüpfungen werden immer weniger vom Stammhirn und Zwischenhirn und dafür immer mehr vom Neokortex gesteuert. Der Neokortex übernimmt die Regie und entscheidet, wann wir uns entspannt und vertrauensvoll dem Größeren Ganzen hingeben und das parasympathische Nervensystem aktivieren wollen, und in welchen selteneren Fällen es angebracht ist, das sympathische Stress-System zu aktivieren, und vor allem, wann und wie wir es rechtzeitig wieder herunterfahren können, sodass wir nicht neue Stressmuster bilden und Herr unseres Inneren werden.

Ein Umdenken dieser Art hat auch weltweite politische, ökonomische und soziale Folgen und Dimensionen. Durch übermäßiges Kämpfen, Verändern, Verbrauchen, Wegwerfen und Ausnutzen sind wir an den Rand des Untergangs geraten. Durch Wiederentdecken von Vertrauen und Verbundenheit untereinander und mit der Natur, also durch Genuss und Genügen, wie es uns die Tiefenökologie[25] lehrt, kann und muss die Welt durch ein neues Bewusstsein des Menschen eine Umkehr erleben. Die Metanoia-Aufforderung zum Umdenken ist heute zu einem Muss geworden.[26]

Von der Wahrnehmung von Zeit und Raum, die du gewohnt bist, gelangst du allmählich in die unbegreifliche Wirklichkeit des Unendlichen und Ewigen. Es ist wie ein erfrischendes Eintauchen und Untertauchen in Liebe, Verbundenheit und Vernetzung. Bist du einmal gesprungen, erinnerst du dich immer wieder, dass und wie es funktioniert. Es kommt der Punkt, an dem du je nach Wunsch und Bedarf spielerisch und frei altes (horizontales) *und* neues (vertikales) Denken in Gebrauch nehmen kannst. Dann ist sogar das Alte neu! Suzuki Roshi, ein buddhistischer Meister des vorigen Jahrhunderts, hat das »Anfängergeist« genannt. Und von Jesus gibt es die Geschichte, dass ein religiöser Führer des damaligen Judentums, Nikodemus, mitten in der Nacht heimlich zu ihm kam. Jesus galt damals schon als Terrorist. Nikodemus fragte, natürlich inoffiziell: »Wir wissen, dass Gott dich gesandt und dich als Lehrer bestätigt hat. Nur mit Gottes Hilfe kann jemand solche Taten vollbringen, wie du tust.« Und Jesus kam gleich auf den Punkt, denn es geht nicht um Wissen, sondern um Metanoia, mentale Erneuerung: »Ich versichere dir: Nur wer von Neuem geboren ist, wird Gottes neue Welt zu sehen bekommen.« »Wie kann ein erwachsener Mensch noch einmal geboren werden?«, fragte Nikodemus. »Er kann doch nicht in den Leib seiner Mutter zurückkehren und ein zweites Mal auf die Welt kommen!« Jesus: »Ich sage dir: Nur wer von Wasser und Geist [damit meint er die unbegreifliche vertikale Dimension des göttlichen Geistes] geboren wird, kann das Himmelreich erfahren ... Der Wind weht, wo er will. Du hörst nur Rauschen, aber du weißt nicht, woher er kommt und wohin es geht. So ist es auch bei denen, die vom Geist geboren werden.« »Wie ist das möglich?«, fragte Nikodemus. Und

Jesus antwortete: »Du bist ein Lehrer Israels und weißt das nicht?!« (Joh 3,1-10)

Worauf es ankommt:

- Tägliche Erinnerung in Körper und Geist

Wenn du das mentale Fitnesstraining wirklich praktizieren willst, brauchst du:

- Einen klaren Entschluss.
- Die Absicht, etwas zu ändern – also: vom toten Pferd absteigen!

Was du für die täglichen Übungen benötigst:

- Jeden Tag etwa eine halbe Stunde Zeit für eine Meditation, eine körperliche Achtsamkeitsübung (beides kannst du auf den Morgen und den Abend verteilen).
- Ein paar Minuten für einen beliebigen Schritt, zum Beispiel eine konkrete Umstellungsübung, ein Gedankenexperiment oder ein Ritual.
- Eine Freundin/einen Freund, die oder der dir zur Seite steht als Zeuge für deine Entscheidungen und als Partner für Übungen und Rituale.
  Am besten fragst du jemanden, der Lust hat, das Training selbst mitzumachen. Freund/Freundin kann jede Person sein, die dir freundlich gesonnen ist und kein persönliches Interesse daran hat, dich zu ändern. Für die, die (in meinen Kursen oder durch mein Selbstliebe-Buch) gelernt haben, das FREIE ICH und das bedingungslose SELBST zu unterscheiden, ist auch das SELBST ein guter Zeuge und Ritual-Partner.

Du wirst viel Ungewohntes in deine Familie, dein soziales Netz und in das gesellschaftliche System bringen. Schon deshalb ist es notwendig, eine Gemeinschaft oder Gruppe Gleichgesinnter zu finden oder zu gründen. Das Einzelkämpfertum gehört zum alten Denken der Verkapselung. Wirkliche Verbundenheit wird sich auch im Außen manifestieren. Solche Gruppen, zum Beispiel das »Netzwerk dankbar leben«[27], werden immer mehr. Denn es ist wichtig, das persönliche, körperliche Treffen wieder zu pflegen und nicht nur in den sozialen Medien aktiv zu sein.

Lass dich nicht irritieren, wenn dein Ziel nicht positiv oder ideal formuliert ist. Wenn du die ideale Form hättest, wärest du ja schon am Ziel. Genauso umgekehrt: Vielleicht hast du schon ein Ziel oder einen Herzenswunsch, der dich wirklich begeistert, bist dir aber nicht sicher, was das Haupthindernis ist. Lass dich auch davon nicht irritieren. Wenn dir klar und bewusst wäre, wie du dich bisher in Bezug auf dieses oder jenes Ziel boykottiert hast, dann wäre es mit Sicherheit schon kein Hindernis mehr, sondern bereits eine Brücke.

Der langen Rede kurzer Sinn: Fange mit Schritt 1 oder 2 an, dem positiven oder dem negativen, dem, was eben in deinem Inneren im Vordergrund steht, ganz nach Belieben, aber fange an. Dann wird sich das jeweils andere offenbaren und lebendig werden. Und wenn beides lebendig ist, ist es auch schon versöhnt. Polarisierung und Zerrissenheit sind schließlich alle Kunstprodukte, die sich als zusammengehörig herausstellen, wenn wir sie aus unseren Köpfen herauslassen, also wenn wir sie irgendwie veröffentlichen, symbolisieren oder verkörpern.

Wo reite ich noch ein totes Pferd?

21 ÜBUNG: EINEN EXTREM GUTEN GEDANKEN ERFINDEN

- Formuliere möglichst schriftlich einen beliebigen einschränkenden Gedanken.
- Formulieren, welcher von diesen Gedanken dir wohltut, Begeisterung weckt, das Herz höherschlagen lässt, dich tiefer atmen oder klarer wahrnehmen lässt. Unterstreiche diese positiven Gedanken und formuliere sie extrem und übertrieben, quasi als Wunder.
  Beispiel:
  Ursprünglicher Satz: Ich kann nicht einschlafen.
  Alternativer Satz: Ich kann gut einschlafen.
  Wundersatz: Tiefschlaf und Erwachen sind eins. Oder: Ich bin immer im Himmel.

Ich nenne die Wundersätze auch Vertikalsätze, weil sie vertikal auf unserem normalen horizontalen linearen Denken stehen. Sie schneiden das normale Ursache-Wirkungs-Denken immer im Hier und Jetzt (s. Abb. 7).

- Lasse nun dein inneres Kind einen Satz formulieren, der dir märchenhaft und schön vorkommt und am besten schmeckt. Lasse ihn dir auf der Zunge zergehen und spüre ihn im ganzen Körper.
  Der Evangelist Johannes hat Jesus ein paar solcher Wundersätze in den Mund gelegt: »Ich bin das Licht der Welt« (Joh 8,12); »Ich bin der Weg, die Wahrheit und das Leben« (Joh 14,62).

Du kannst sogar einen dieser Sätze nehmen. Es scheint zwar anmaßend, aber es wirkt. Wenn es nicht wirkt, nimm einen Satz, der wirkt! Verdränge oder bekämpfe die »Aber« nicht. Nimm alle Einwände deines Verstandes wahr und gib sie mit einem Fingerschnipsen, einem Ausatmen oder einer Handbewegung an ihren ursprünglichen Platz. Du brauchst den ursprünglichen Platz nicht zu definieren, erkennen oder zu analysieren. Gib die »Aber« des Verstandes frei ins Feld der Möglichkeiten, wo sie hingehören (s. Abb. 6). Es gibt Tausende davon, und die Analyse würde Jahre dauern und niemals zu Ende sein.

22 WIE GEHEN LIEBE UND FREIHEIT ZUSAMMEN?

Eva, eine Seminarteilnehmerin, kam mit dem Gegensatzpaar Mitgefühl und Abgrenzung in eine Aufstellungsrunde. Sie schilderte das sehr plastisch im Zusammenleben mit ihrer 15-jährigen Tochter Magdalena. Aber auch in ihrer Partnerschaft hatte sie das Gefühl, zu wenig Zeit für sich selbst zu haben. Sie meinte auch, dass schon ihre Mutter und viele Frauen ihrer Familie dieses Problem hatten. In der Ich-Selbst-Aufstellung konnte ihr Ich lange Zeit nicht glauben, dass ihr als Selbst eine Person gegenüberstand, die ihr bedingungslos zugewandt und absolut freilassend und ohne Ansprüche war. Erst als wir der Tochter, der Mutter und dem Ehemann je einen anderen Platz als das Selbst gaben, erst als es ihr also nicht mehr möglich war, ihr Selbst mit dem Ehemann oder mit der Mutter oder mit dem eigenen Kind zu verwechseln, erst da konnte sie Liebe und Freiheit als zusammengehörig erfahren und tatsächlich spüren.

Dann aber ging es erst richtig los: Im Selbst spürte sie mit ihrem ganzen Körper die vollkommene Einheit von Liebe und Freisein. Sie war überwältigt von dieser Erfahrung. Auf der Ich-Seite spürte sie ebenso deutlich ihre Fähigkeit, sich ab- und hinzuwenden, kurz ihre Freiheit. Auch von dieser Erfahrung war sie überwältigt. Sie entschied sich, in den nächsten vier Wochen jeden Abend vor dem Zubettgehen kurz beide Positionen einmal einzunehmen, um sich an beides zu erinnern, beides zu feiern.

Wenn du eine wundervolle Erfahrung gemacht hast mit Gott oder mit deinem Selbst, feiere diese Erfahrung öfter in einem Ritual mit allen Sinnen. Dazu sind Rituale da! Rituale sind keine Trainings, Übungen oder Wettkämpfe. Rituale sind Erinnerungen an Gipfelerlebnisse. Rituale sind Siegesfeiern und Selbstbelohnungen, um sich zu erfreuen. Das sollte man nicht nur einmal am Tag machen. Meine große Lehrerin Virginia Satir hat einmal zu uns gesagt: »Sagt jeden Tag mindestens hundertmal zu euch selbst: ›Das habe ich gut gemacht!‹« Ich habe ihren Vorschlag ausprobiert und auch Kindern weitergesagt – unglaublich, wie das wirkt! Noch etwas, das sie uns hinterlassen hat:

> » *Ich glaube daran, dass das größte Geschenk, das ich von jemandem empfangen kann, ist, gesehen, gehört, verstanden und berührt zu werden. Das größte Geschenk, das ich geben kann, ist, den anderen zu sehen, zu hören, zu verstehen und zu berühren. Wenn dies geschieht, entsteht Beziehung.* «[28]

23 ICH UND SELBST – WOLLEN UND SEIN

Abb. 8: Yin und Yang, Tonal und Nagual, Ich und Selbst

Ich nenne, wie schon erwähnt, die beiden Wirklichkeiten »Ich« und »Selbst«. Das ICH ist unsere Handlungs- und Wahl-Kompetenz, bei der wir zu etwas hin- und von etwas wegwollen, es ist unsere Fähigkeit zu unterscheiden, zu bewerten und zu entscheiden. Das SELBST ist das Bewusstsein unseres Seins in Verbundenheit, die göttliche Wirklichkeit in uns, unsere innerste Quelle von Liebe und Begeisterung.

Das Ich ist das Entscheiden und Tun, das Selbst ist das Sein. Die Unterscheidung von Ich und Selbst ist als Theorie vieldeutig und auch nur ein Konzept. Manche Autoren machen keinen Unterschied, andere überhöhen die Begriffe als höheres Selbst und Ego. So ist es nicht gemeint. Aber als Praxis erweckt uns diese Unterscheidung von Ich und Selbst unweigerlich zu neuem Leben, und zwar nicht klischeehaft, sondern unvergleichlich auf deinem eigenen Weg. Wenn du dies üben und vertiefen willst, kann dich mein Buch *Selbstliebe als Lebenskunst* dabei unterstützen. Hilfreich sind auch einige Audioübungen und Meditationen, die du dir von meiner Homepage kostenlos herunterladen kannst.[29]

Du kannst dir das so vorstellen: Wenn du überhaupt nicht zwischen Kopf und Herz unterscheidest, also das Denken und das Fühlen miteinander vermischst, kannst du weder klar denken noch erfüllt fühlen, weil es dir wie ein Mischmasch vorkommt. Noch unsinniger ist es aber, Kopf und Herz voneinander zu trennen oder das eine für wichtiger und besser zu halten als das andere. Viele Paare lenken sich mit diesem Bewertungsstreit ab. Wovon eigentlich? Von dem, was sie wirklich, wirklich wollen!

24 PRAXIS DER ICH-SELBST-UNTERSCHEIDUNG

Eine Praxis der Ich-Selbst-Unterscheidung wäre zum Beispiel die Verkörperungsarbeit: Sie ist hilfreich, wenn du erkennen möchtest, was du wirklich hier und jetzt in deinem Leben wissen, erfahren, spüren, machen willst. Du schreibst also die Frage auf, die dir gerade am Herzen liegt, um sie dem Selbst zu stellen. Das kann auch ein Wunsch oder eine Bitte sein. Es ist aber wichtig, sie aufzuschreiben, denn das Selbst ist ja verbunden mit dem universalen Wissen, Hören, Sehen. Es hört also genau hin und antwortet wörtlich auf das, was du sagst. (Wen hat das nicht schon einmal geärgert?) Keine Angst, das Gespräch geht weiter, und du kannst die Frage später präzisieren oder verändern oder eine ganz andere Frage auf einer tieferen Ebene stellen. Hauptsache, du entscheidest dich für eine Frage und nimmst dir Zeit, auf eine Antwort zu hören! Auch wenn du deine Freiheit nicht in Anspruch nimmst: Das Selbst achtet immer 100-prozentig darauf, dass du frei bist. Du kannst jahrelang tausend Fragen und Wünsche in deinem Kopf hin und her wälzen (und dafür stehen dir Zehntausende Bücher, Videos und Ratgeber richtungsweisend zur Verfügung): Das Selbst wartet geduldig auf eine freie Ausrichtung oder Entscheidung deines freien Ich. Dieses geduldige Mitgefühl aus dem Universum ist das Gegenteil von unserer Vorstellung von Therapie oder Helfertum! Das Selbst bleibt bei der Bedingungslosigkeit von Liebe und Wahrnehmung: Unser Schicksal ist unsere eigene Wahl.

Suche dir in deinem Zimmer einen Ich-Platz. Dort legst du den Zettel mit deiner Frage oder deinem Wunsch hin oder sprichst sie aus. Dann gehst du ein paar Schritte auf einen von dir gewählten Selbst-Platz. Und bevor du antwortest, spüre, erlebe, erfahre die Selbst-Qualität. Das braucht ein paar Minuten, je nachdem wie geübt du bist, dich auf die Verbundenheit einzustellen. Denn die Selbst-Qualität ist die Verbundenheit mit allem, was ist. Manche üben die Erfahrung der Verbundenheit durch Meditation oder Yoga und Konzentration auf den Atem, manche gehen dazu in die Natur, manche stellen sich vor, ein Baum zu sein, tief in der Erde verwurzelt und über die Krone mit dem Licht und dem Himmel verbunden. Manche erinnern sich durch ein Gebet an unsere Verbundenheit mit dem Großen Ganzen. Geh in diese deine persönliche Praxis der Selbst-Erfahrung, und erst dann höre dir die Frage des Ich noch einmal an. Du bist jetzt in deiner Ganzheit, und die Frage trifft auf Kopf, Herz und Bauch – das heißt, es ist jetzt nicht mehr automatisch der Kopf allein, der auf die Frage antwortet bzw. reagiert. Vielleicht reagiert das Herz oder der Bauch mit einem Gefühl oder einer Geste oder auch der Kopf mit einem Bild oder einem Antwortsatz. Manchmal scheint es, dass keine Antwort kommt. Aber Stille ist auch eine Antwort. Die Art der Resonanz mit der göttlichen Wirkkraft ist eigentlich immer überraschend, herausfordernd, neu.

Wenn du in der Komfortzone des »guten alten Schlechten« bleiben willst, dann vermeidest du am besten die Auseinandersetzung mit dem Selbst. Das geht ziemlich leicht, denn das Selbst ist unendlich liebevoll und geduldig. Du kannst zum Beispiel jahrelang eine Opferrolle einnehmen, das Selbst wird geduldig und bedingungslos deine Wahl akzeptieren. Allerdings wird es dich immer wieder daran erinnern, dass du frei bist und diesen Lebensstil gewählt hast, indem es dich auf verdrängte Inhalte oder – was dasselbe ist – deine alten und dummen Muster, Bequemlichkeiten und Gefangenschaften aufmerksam macht. Solange wir leben, zeigt uns das Selbst, dass wir jederzeit frei sind, neu zu denken, neu zu fühlen und neu anzufangen.

Diese Erinnerungen des Selbst können mit unangenehmen Gefühlen, schlechten Träumen, kleinen oder größeren Krankheiten verbunden sein, je nachdem, wie lange und hartnäckig du dem Leben ausgewichen bist. Denn die göttliche Kraft in uns ist nicht nur der Liebe, sondern auch der Wahrheit verpflichtet. Wir können ihr nichts vormachen.

Aber wenn du dieses Buch liest, zeigt das eigentlich, dass du aufgehört hast auszuweichen und dir eine wahre Begegnung mit deinem Selbst gönnst.

> Ich kam einmal ziemlich müde von einem Seminar und wusste nichts mit mir anzufangen. Meine Freundin oder meinen Freund anzurufen, kam mir wie eine Ablenkung vor, Kommunikation hatte ich genug gehabt. Zum Meditieren hatte ich keine Lust. Spazierengehen? Auch keine Lust! Fernsehen? Keine Lust! Schließlich habe ich Folgendes als Frage an das Selbst auf einen Zettel geschrieben: »Ich habe an nichts Freude, was soll ich tun?« Die Antwort kam sehr schnell und auch schriftlich: »Dann tu doch nichts!« Ich habe diesen Rat sofort befolgt und mich auf eine Sofakante gesetzt und nichts getan. Schon nach einer Minute habe ich aufgeatmet und gewusst, das ist es. Freude und Leichtigkeit kehrten zurück, und ich konnte tun, was ich wollte, egal was.

Dies Antwortgeschehen hat mir zwei Qualitäten des Selbst wieder einmal deutlich gemacht: das Überraschende und das Wörtliche an seiner Antwort. Es nimmt das Ich in seiner Freiheit und in dem, was es wählt, ernst. Das Selbst nimmt aber auch seine eigenen Interessen – Liebe und Wahrheit – beständig wahr.

25 SORGEN UND VERTRAUEN

Formuliere einen sorgenvollen Gedanken, zum Beispiel: »Ich sorge mich um die Gesundheit (Zukunft, Beziehungsfähigkeit usw.) meines Sohnes/meiner Tochter/meiner Partnerin/meines Partners/meiner Eltern.« Dann formuliere einen gegenteiligen Gedanken, zum Beispiel: »Ich mache mir keine Sorgen um die Gesundheit meines Sohnes, ich vertraue.« Oder: »Ich sorge mich um meine eigene Gesundheit.« Oder: »Ich vertraue meine Gesundheit und die meines Sohnes Gott an.« (Im Neuen Testament heißt es einmal: »Alle eure Sorgen werft auf IHN, denn er sorgt für euch.« Ziemlich radikal, nicht wahr?)

Wenn du diese verschiedenen Gedanken aufgeschrieben hast – und es fallen dir sicher noch mehr Denkmöglichkeiten zu jedem Thema ein –, dann frage dich oder vielmehr deinen Körper, bei welchem Gedanken er aufatmet und du dich wohlfühlst. Denke genau diesen Gedanken nun öfter, auch wenn du ihn für sehr unrealistisch hältst: Dein Körper wird es

> dir danken, und die synaptischen Verknüpfungen in deinem Gehirn werden umtrainiert. Auf Dauer wird sich auch die äußere Realität überraschend und unvorhersehbar verändern.

Das ist das Gesetz der Resonanz (nach Esther und Jerry Hicks): Materie folgt dem Geist. Oder bei Jesus: »Bei Gott sind alle Dinge möglich« (Mt 19,26). Für »Gott« kannst du auch das Feld der unendlichen Potenzialität (Allmacht) sagen.

Durch Meditation oder Gebet, durch Naturerfahrungen oder Yoga, durch einfaches Sitzen, Liegen, Stehen oder Gehen und den Atem/die Schwerkraft spüren, üben wir, uns der unverbrüchlichen ewigen Resonanz-Beziehung zum Großen Ganzen bewusst zu werden. Das nennen die Religionen »Praxis« oder »Übung«.

Bei den alten Griechen gibt es im Hades, der Unter- oder Zwischenwelt zwischen Leben und Tod, zwischen Schlafen und Wachen, zwei Quellen oder Flüsse: Lethe (das Vergessen) und Mnemosyne (das Erinnern). Mit der Geburt und mit dem Tod durchqueren wir den Fluss des Vergessens all unseres universalen Wissens und unserer Allverbundenheit. Aber dann gibt es im Zwischenreich auch noch den Fluss des Erinnerns:

> Du wirst im Hades rechts eine Quelle finden, neben der eine weiße Zypresse steht. Dort kühlen sich die herabsteigenden Seelen der Toten. Dieser Quelle sollst du dich nicht nähern. Weiterhin wirst du das kühle Wasser finden, das aus dem Quell der Mnemosyne hervorströmt. Darüber befinden sich Wächter. Sie werden dich fragen, warum du dorthin kommst. Sprich: »Ich bin ein Sohn der Erde und des Himmels, aber mein Ursprung ist himmlisch, das wisst ihr ja auch selbst. Ich bin ausgetrocknet vor Durst und gehe zugrunde; so gebt mir rasch das kühle Wasser der Mnemosyne.« Dann werden die Könige der Unterwelt Mitleid mit dir haben, und sie selbst werden dir aus der göttlichen Quelle zu trinken geben. Und wenn du dann getrunken hast, darfst du den heiligen Weg gehen, den auch die anderen berühmten Weisen und Lebenskünstler gehen, und du wirst mit Ihnen gemeinsam die Zwischenwelt beherrschen.

Dazu passt ein Gedicht von Bertolt Brecht:

> »Geh ich zeitig in die Leere
> Komm ich aus der Leere voll.
> Wenn ich mit dem Nichts verkehre
> weiß ich wieder was ich soll.«[30]

26 DER TIGER IST NICHT MEHR HINTER DIR HER!

Unterbreche mindestens einmal am Tag den Überlebensstress. Der Tiger ist nicht mehr hinter dir her! Auch die schlimmen Erlebnisse aus deiner Kindheit: Sie sind vorbei! Gegenwärtig sind nur noch Bilder, Erinnerungen und Vorstellungen, die im Nervensystem elektrische und biochemische Signale aussenden, als wäre es hier und jetzt. Unser Stammhirn kann mit »Zeit« und »Raum« nichts anfangen. Daher übersetzt es alles, was wir visualisieren und fühlen, in die Gegenwart, als wäre es real.

Sorgen, Ängste und negative Erinnerungen führen zu einer Aktivierung des sympathischen Nervensystems. Für echte Gefahrensituationen ist das notwendig und gut. Dabei fährt aber auch gleichzeitig unser Immunsystem herunter, sodass der Körper in dieser Zeit gegen alle anderen Erreger von innen und außen ungeschützt ist. Immer, wenn wir uns Sorgen und Ängste machen, aktivieren und verstärken wir dieses Muster in uns. Aber seien wir ehrlich, die meisten unserer Sorgen und Ängste, die wir tagsüber ansammeln, sind unrealistisch und aus der Vergangenheit hergeleitet – jedenfalls tun sie uns nicht gut. Du merkst das, wenn du sie einmal schriftlich ausformulierst. Aber das werden wir im nächsten Schritt überprüfen und verändern.

Meditation ist ein erprobtes Mittel, stressbedingtes Denken, Fühlen und Handeln zu unterbrechen und dem parasympathischen Nervensystem wieder seine ursprüngliche Entspannungsfunktion zuzugestehen. Ich schlage eine Meditation vor, die dich relativ schnell und einfach in die andere Dimension der Raum- und Zeitlosigkeit bringt. Du brauchst dafür etwa zehn Minuten Zeit. Am besten mache die Meditation morgens gleich nach dem Aufstehen. Sie dient dazu, die Unbegrenztheit des Selbst und die Verbundenheit mit ALLEM WAS IST zu erspüren und dann genau diese unbeschreibliche Erfahrung mit dem begrenzten Körper-Ich zu verbinden, ohne das Gewahrsein der Unendlichkeit und Allverbundenheit zu verlieren. Hingegeben in den Strom der Verbundenheit, fühlst du dich immer getragen und gleichzeitig kreativ. Du gibst, was du zu geben hast, aus vollem Herzen und ohne Überanstrengung und Stress. All dein Tun und Fühlen ist aufgehoben im Ganzen. Das meinte wohl Lao Tse, wenn er vom »Handeln durch Nichthandeln« sprach. Dein Beitrag für die Gemeinschaft, in der du lebst, und für die Menschheit insgesamt ist das Ausstrahlen von Liebe und Freiheit.

Die Raum-Meditation des unendlichen Selbst:[31]

Sitze aufrecht und bequem. Sorge dafür, dass du in den nächsten 15 Minuten ungestört bleibst. Ich fordere dich bei dieser Meditation immer wieder auf, dir etwas vorzustellen. Damit ist nicht unbedingt eine visuelle Vorstellung gemeint, denken oder spüren genügt vollkommen. Strenge dich nicht an, lasse dich einfach von den Worten tragen. Ich mache deshalb relativ kurze Pausen, damit du nicht auf die Idee kommst, du solltest irgendwelche besonderen Bilder oder Gefühle erzeugen. Es geht nicht um das Herstellen von Wirklichkeit, sondern nur darum, dich daran zu erinnern. Denn die Wirklichkeit ist und war schon immer da.

Stelle dir vor oder denke dir den Raum zwischen deinen Augen, den Raum zwischen deinen Schultern,

zwischen deinen Hüften.

Stelle dir vor, dass der Bereich zwischen deinen Fingerspitzen und deinen Schultern mit Raum erfüllt ist.

Stell dir vor, dass deine Füße mit Raum erfüllt sind,

- dass auch der Bereich zwischen deinen Füßen mit Raum erfüllt ist,
- dass dein ganzer Bauch mit Raum erfüllt ist,
- dass der Raum zwischen deinen Füßen sich mit dem Bauchraum verbindet.

Stelle dir vor, dass dein ganzer Kopf mit Raum erfüllt ist,

- dass dein Kopf, dein Oberkörper, dein ganzer Körper einschließlich der Hände und der Füße mit Raum erfüllt sind.

Und während du dir den ganzen Körper als Raum vorstellst, kannst du dir auch den Raum um deinen Körper herum vorstellen:

- den Raum hinter deinem Rücken, den Raum vor dir und an deinen Seiten,
- dazu den Raum über deinem Kopf und unter dir.

Stelle dir vor, dass sich die Grenzen zwischen deinem inneren Raum und dem Raum außen auflösen, sodass sich all diese Räume vereinen und ineinander übergehen.

Mach dir nun auch alle Laute bewusst, die dir in diesem vereinten Raum zugänglich sind.

Stelle dir vor, dass du, während du den Raum und die Laute beachtest, gleichzeitig auch alle sonst noch vorhandenen Gefühle, Spannungen, Empfindungen oder Schmerzen wahrnimmst

- und dass alle diese Empfindungen und Wahrnehmungen von Raum durchdrungen sind.
- Dass du, während du den Raum, die Laute, die Gefühle und andere Körperempfindungen registrierst, gleichzeitig auch alle Gedanken und Bilder wahrnimmst, die auftauchen.

- Dass sich nun dein Bewusstsein auch auf alles Empfinden oder Erleben ausdehnt, das du vielleicht bisher weggelassen hast.

Du wirst dir jetzt gleichzeitig deines ganzen Daseins gewahr, alles dessen, was du bist,

- und dass alles, was du bist, gegenwärtig ist,
- und dass dein ganzes Erleben von Raum durchzogen und durchdrungen ist.

Kannst du dir nun vorstellen, dass dein Raum-Erleben immer lebendiger und gegenwärtiger wird? Und dass dieser Raum auch immer mehr seine Begrenzungen verliert, sich immer mehr ausdehnt und nicht nur deine nähere Umgebung umfasst, sondern auch die weitere Umgebung, ja die ganze Erde?

Dehne den Raum deines Bewusstseins über die Erde hinaus aus, auf das ganze Sonnensystem, auf das ganze Universum.

Dein Bewusstsein dehnt sich immer weiter aus, die ganze Schöpfung ist in ihm enthalten.

Und während die Ausdehnung deines Bewusstseins immer weitergeht, wird die Schöpfung immer kleiner, bald nicht größer als eine Nadelspitze aus Licht, die von deinem grenzenlosen Bewusstsein gehalten wird.

Und nun stelle dir vor, wie die ganze Schöpfung, diese einzelne Nadelspitze aus Licht, zu einem Ende kommt. Was übrig bleibt, ist reines Bewusstsein.

Sei nun einige Minuten ganz still im Bewusstsein des Raumes und der Leerheit des Bewusstseins, so gut du kannst.

Und obwohl du weißt, dass du diesen unendlichen Raum nicht wirklich erfassen oder erfahren kannst, kannst du ihn doch irgendwie spüren. Du kannst deine Unendlichkeit nicht erkennen, aber du kannst sie sein.

Und wenn du ein wenig bei dieser Vorstellung bleibst, wirst du auch bemerken, wie dich ein Wohlgefühl zu erfüllen beginnt.

Eine Qualität, die du vielleicht als Stille erlebst,

- oder als Weite und Unbegrenztheit, in der sich deine Körper-Vorstellungen aufzulösen scheinen,
- oder als Freude und Begeisterung, als Kraft, Glückseligkeit oder bedingungslose Liebe, als etwas Strömendes und gleichzeitig wie ein »Zu Hause angekommen sein«.

Dieses Gefühl entspringt dem Verbundensein mit allem, was ist. Es ist nicht die Unendlichkeit, die können wir nicht wahrnehmen, aber es ist deine Resonanz auf die Unendlichkeit.

Lass diese transpersonale Gefühls-Qualität sich ausbreiten und den gesamten unendlichen Raum, der du bist, erfüllen.

Bleibe in diesem Zustand, solange du willst.

27 ACHTSAMKEITS-ÜBUNGEN FÜR DEN KÖRPER

Für Achtsamkeitsübungen mit Fokus auf deinen Körper gibt es mehrere hervorragende Methoden, die du vielleicht sogar schon kennst und nun praktizieren kannst: Yoga, Breema, Tai-Chi, Meridiane dehnen, Schlendern, Walken, Tanzen usw. Wichtig ist, dass du sie nicht *für* irgendetwas Äußeres einsetzt, also nicht zum Abnehmen oder Zunehmen, auch nicht zum Muskeltraining – das können Nebenwirkungen sein, die sich unvorhersehbar zu deinem Besten einstellen werden. Setze diese Übungen auch nicht *gegen* irgendetwas ein (Herzinfarkt, Übersäuerung, Alter, Krankheit usw.).

Vielleicht wirst du dabei bemerken, wie der Geist versucht, alle Aktivitäten an einen Zweck zu binden. Solche Gedanken kann und soll man nicht bekämpfen, aber man kann sie ersetzen, wie es zum Beispiel in der Breema-Körperarbeit, die ich sehr schätze, geschieht – durch zwei einfache Sätze: »Körper atmet« und »Körper hat Gewicht«. Schwerkraft und Atem begleiten den Körper immer und überall, und du wirst merken, wie heilsam diese Achtsamkeit ist und wie gut es tut, ein paar Minuten die Aufmerksamkeit nur darauf zu richten.

Gib deinen Körper einmal am Tag eine Viertelstunde, in der du ihn nicht für irgendetwas instrumentalisierst. Reine, freundliche Achtsamkeit auf die vielfältigen Aktivitäten und Vernetzungen in deinem Körper. Kein Stress. Du wirst es genießen! Für viele von uns ist das so ungewohnt, dass wir dann erst einmal merken, wie unser Geist alle unsere körperlichen Aktivitäten zweckbindet und interpretiert.

Entscheide nun, wie du vorgehen möchtest: Wenn dir ein alter behindernder Glaubenssatz oder ein einschränkendes Lebensgefühl im Moment besonders deutlich vor Augen steht, dann beginne zunächst mit *Bewusstmachen und Loslassen des Alten*. Ist dir mehr oder weniger klar, wo du hin möchtest und was du dir für dein Leben neu wünscht, dann beginne mit *Beabsichtigen des Neuen*.

Wechsle öfter hin und her – je öfter, desto besser. Das Weg-von und das Hin-zu gehören zusammen. Es geht nicht darum, das Alte zu verdammen oder zu verdrängen, sondern darum, das Alte zu verwandeln und im Neuen nutzbar zu machen. Die Dauerangst des kleinen Buben kann aus einem schrecklichen Stressmuster zu einer Ressource werden, die ich als erwachsener Mann für die Aufmerksamkeit im Straßenverkehr durchaus gebrauchen kann.

Meditation und Körperübungen sind der Herzschlag, der Beat, der die Tanzschritte des Lebens täglich begleiten soll. Du wirst sehen, wie dieser Kontrapunkt die Musik deiner Erneuerung unterstützt. Also: Nimm dir ein paar Minuten Achtsamkeit mit Fokus auf deinen Körper und ein paar Minuten Stille und Nichtstun.

28 DEN INNEREN KRITIKER NEU WAHRNEHMEN UND TRANSFORMIEREN

Hier möchte ich dir eine Übung vorstellen, die aus drei Schritten besteht.

Erster Übungsschritt:

Lasse dich mit allen Sinnen auf ein schlechtes Gefühl ein. Jedes schlechte Gefühl ist ein Signal unseres Körpers, dass es etwas zum Umdenken gibt, dass ein Irrtum oder Vergessen vorliegt. Lasse dich auf die negative Situation voll ein. Der übliche Umgang mit schlimmen und schmerzhaften Ereignissen, Bildern und Gefühlen wäre nun verdrängen, herunterfahren, auf andere projizieren, sich distanzieren und rationalisieren – und das ist längst nicht alles, was uns einfällt, um bei Resonanz und Beziehung möglichst auf der sicheren Seite zu bleiben.

Nehmen wir als Beispiel zwei besonders üble Zeitgenossen, den autoritären Machthaber und seine Untergrundvariante, den Terroristen. Du kannst sie im Äußeren nicht verwandeln und transformieren, wenn du sie im Inneren nicht verwandelt hast. Glaubst du, dass du keinen Terroristen in dir hast? Nun gut, dann nenne ihn den *inneren Kritiker.* Wenn dieser Typ in der menschlichen Entwicklung pathologisch wird und irgendwie die Oberhand gewinnt, kann er sehr unangenehm werden, nach innen und nach außen. Trau dich einmal, die Energie, die du bisher zur Bekämpfung, Eindämmung und Identifizierung dieser ungeliebten Qualität aufgewendet hast, zu spüren!

Bevor du das angehst, begib dich für ein paar Minuten in die *Raum-Meditation des unendlichen Selbst* auf meiner Homepage, also das Wahrnehmen des reinen ICH BIN. Nicht: Ich bin dies oder ich bin das, sondern: ICH BIN – reines Gewahrsein der unermesslichen Geräumigkeit des Selbst. Du brauchst das Zeugenbewusstsein, um auf die Folter- und Bestechungsmethoden des inneren Machthabers und Kritikers schauen zu können, ohne dich schrecken, einschüchtern oder verführen zu lassen. Im SELBST hat alles Platz!

Mache dir nach etwa fünf Minuten ein paar Ideen oder Situationen von Macht und Kontrolle bewusst. Du kannst diese auch in deiner Vorstellung erfinden, Hauptsache du kannst sie fühlen. Sieh dir selbst zu, wie du andere herumkommandierst oder indirekt durch Leiden manipulierst. Wie fühlt sich das an? Wo im Körper spürst du die entsprechende Enge oder Spannung? Beurteile diese Erfahrung nicht. Stoße sie nicht weg und ziehe sie nicht an. Identifiziere dich nicht mit ihr. Nimm reine Aufmerksamkeit von allen Seiten wahr. Gib ihr Platz in deinem unendlichen göttlichen Bewusstsein. Wenn du willst, kannst du dir dein Bewusstsein als Leuchtkraft vorstellen, die mit ihrem Licht alles durchdringt und verwandelt. Schicke dieses Licht zunächst an die Stellen deines Körpers, an denen du sie gefühlt hast. Dann schickst du das Licht auch zu den Szenen deiner Vergangenheit, in denen du diese Qualität verwendet oder erlitten hast.

Bemerke die vielen Facetten dieser bisher abgelehnten oder verleugneten Kraft. Sie kann die Stimme deines Vaters oder deiner Mutter haben. Erinnere dich an Situationen in deinem Leben, in denen du teilweise oder ganz mit dieser Dynamik identifiziert warst. Bringe eines dieser Erlebnisse mithilfe des Lichts – diesmal ohne Identifikation und deshalb noch vollständiger als damals – in die all deine Sinne umfassende Wahrnehmung. Betrachte und fühle diese Situation aufmerksam und achtsam. Nun bist du Meister dieser gewaltigen Energie und kannst erkennen, dass und wie du sie erschaffen und wie raffiniert du sie eingesetzt hast, um dich als Opfer oder Täter darzustellen. Du durchschaust das Spiel und kannst nun die volle Energie bewusst einsetzen oder umfunktionieren.

Der grenzenlose Selbstraum verdammt nichts und hängt sich an nichts.

Er gibt jeder Kraft und jeder Dynamik ihren Raum und ihre Funktion fürs Leben, und so wandelt er alles.

Betrachte und fühle alles, was du als negativ beurteilst bzw. erlebst, anhaltend, aufmerksam und achtsam. Durch diese intensiv andauernde neue Wahrnehmung geschieht Befreiung. Dann, nach ein paar Minuten, lass alle Bilder, Gedanken und Gefühle los und lass dich in das reine, freie Bezeugen zurückfallen, in die unermessliche Geräumigkeit des SELBST. Übe dich darin, diese Perspektive immer schneller und länger einzunehmen. Und dann pendle hin und her: zwischen dem Ausüben von Macht (im Täter- oder Opfertum) und dem Erleben von Offenheit und Freiheit – hin und her, immer wieder. Erlebe den Unterschied zwischen der radikalen Freiheit reinen Gewahrseins und Bezeugens und der Gefängniszelle von Macht und Gewalt. Mache das so lange, bis du im Hin-und-Her-Pendeln erkennst, dass die Tür des Gefängnisses offen ist und immer offen war.

Nach dieser Übung zum Thema Macht und Kontrolle möchte ich nun die Schritte und den Ablauf für jeden beliebigen Anlass allgemein beschreiben, sodass du jedes schlechte Gefühl, jeden hindernden Glaubenssatz, jedes zwanghafte Verhalten, jede Sucht und Abhängigkeit – also jede positive oder negative Anhaftung und

Programmierung – in einen Wandlungs- und Transformationsprozess bringen kannst.

Aber vorher möchte ich dir noch einen Satz des konstruktivistischen Philosophen Heinz von Foerster ans Herz legen. Sein ethischer Imperativ lautet: »Handle stets so, dass die Anzahl der Wahlmöglichkeiten größer wird!«[32] Kurz gesagt:

Handle stets befreiend!

Es ist ein beliebtes Gesellschaftsspiel, sich der Verantwortung zu entziehen: Nicht ich, sondern ein anderer oder etwas anderes ist für mein Tun oder mein Leiden verantwortlich. Plausible Außen-Gründe finden sich immer, und zwar zu Hunderten. Dummerweise hat das aber die Konsequenz einer Selbstlähmung. Man fühlt sich dann wirklich als Opfer.

Zweiter Übungsschritt:

Erkenne an, dass du in Schritt eins mit großem gedanklichen und energetischen Aufwand eine gute und einleuchtende Opfergeschichte konstruiert hast.

Nun springe auf die andere Seite deines bisherigen Selbst- und Weltbildes und formuliere einen neuen Glaubenssatz – einen Satz vertikal zu dieser Opfergeschichte: Unerhört, wunderbar, frech und aus der Sicht deines Selbst, deiner ewigen und unbegrenzten Existenz. Zum Beispiel:

»Ich bin Schöpfer von allem, was ich bin und was mir begegnet. Ich habe auch diese Erfahrung erfunden und konstruiert, bis ich sie, wie viele andere, geglaubt und schmerzhaft oder suchtvoll praktiziert habe.«

Dritter Übungsschritt:

Verlasse nun die schmerzhafte Erinnerung (gehe körperlich an einen anderen Ort) und formuliere laut und schriftlich deine ursprüngliche Wirklichkeit. Zum Beispiel:

Ich bin das Leben selbst.
Ich bin grenzenlos und ewig.
Ich bin reines Bewusstsein.
Ich bin die Liebe.
Ich bin vollkommen.

Formuliere einen Satz, der dein bisheriges Denken am meisten herausfordert, der deinem Glauben über dich und die Welt am stärksten widerspricht. Es wird sich vielleicht erst einmal alles in dir gegen diesen Satz sträuben. Aber wenn du das eine gedacht hast, kannst du das Gegenteil auch denken, nicht wahr?

Frage dein innerstes Selbst, welcher der beiden Gegen-Sätze dir besser tut: dich machtvoll zu denken oder machtlos. Oder welcher der beiden Gedanken für dich interessanter und neuer ist. Auch wenn der Gedanke der Selbstmächtigkeit für dich noch fremd und unglaubwürdig klingt, so kannst du doch spüren, dass das dazugehörige Gefühl dich erweitert und großzügig macht, wenn du es denn glauben könntest. Also sprich ihn aus und fühle die Schöpfermacht Gottes in dir, als ob es wahr wäre, auch wenn du es zunächst nicht glauben kannst. Je mehr du das Gefühl der göttlichen Macht und Kreativität erzeugst (allein durch deine Gedanken), desto mehr wird es sich ereignen, und nicht nur innerlich, sondern auch im Außen. Du wirst staunen!

29 SIEBEN SCHRITTE DES GLAUBENS UND MANIFESTIERENS

1. **Reine Theorie:** Du empfindest diesen Gedanken als völlig konstruiert und realitätsfern. Aber du sprichst ihn trotzdem jeden Tag mehrmals vor dich hin, wie ein Mantra. (Kann ja nicht schaden.)
2. **Gewöhnung:** Du gewöhnst dich an den Gedanken, du übst ihn ein, tastest dich an ihn heran und formulierst ihn vielleicht immer wieder mal neu – solange, bis er dem inneren Kritiker ganz gewachsen ist und eine echte Alternative zum Leid erzeugenden Satz darstellt.
3. **Gefühl:** Auch wenn dieser Gedanke absurd ist, so fühlt er sich doch gut an, wie ein guter Kinofilm. (Zum Beispiel ein Liebesfilm oder ein Science-Fiction Film mit gutem Ausgang.)
4. **Glaube:** Während du diesen Gedanken denkst, fühlst du innere Stärke und freieres Atmen. Du beginnst die Wahrheit und Wirklichkeit dieses Satzes zu spüren, wenigstens innerlich.
5. **Entschiedenheit/Konzentration:** Du entscheidest dich für diese innere Wahrheit, ohne dich darum zu kümmern, ob und wie die äußere Realität damit zusammenhängt.

6. **Wissen/Gewissheit:** Die innere Wahrheit und Selbstmächtigkeit füllen dich vollständig aus, und du gewinnst die Erkenntnis, dass sie sich auch auf die äußere Realität ausdehnen und diese unbegrenzt durchdringen.
7. **Freude und Leichtigkeit:** Du erlebst immerwährende innere und äußere Fülle in Ausdehnung und Freiheit. Du bist absolut furchtlos und deshalb grenzenlos glücklich.

Lass dich nicht irritieren, wenn das Ergebnis (das Leben in Phase 6 und 7) anders aussieht, als du es dir zu Beginn vorgestellt hast. Wirkliches Leben und Wachstum lässt sich nicht planen, es ist immer neu, überraschend und sprengt jede Vorstellungskraft. Gott oder die letzte Wirklichkeit definiert sich selbst vollkommen paradox: »Siehe, ich mache alles neu.« Das kommt schon nahe an Nagarjuna heran, den man den zweiten Buddha genannt hat. Er definiert die letzte alles überschreitende Wirklichkeit paradox negativ als: »Auch dies nicht, und selbst das nicht.«[33] Der wahre urchristliche Glaube ist diese Praxis des »Tun als ob«, wie beispielsweise Blaise Pascal es genannt hat. Also konkretes, materielles Handeln, verkörperte Praxis und Dranbleiben, dem erst allmählich ein Für-wahr-Halten folgt. Jesus hat Hunderte zeitgenössische Glaubenssätze (quasi-religiöse Theorien) umgestoßen und negiert, um einen einzigen übergeordneten Glauben zu praktizieren: »Ich bin der Weg und die Wahrheit und das Leben« (Joh 14,6). Das entspricht dem hinduistischen Mantra: *Tat tvam asi* (Ich bin DAS alles). Das war seine Herausforderung, und das ist unsere Herausforderung.

Zum *Dranbleiben* fällt mir eine Geschichte ein:

> Ein hoher Beamter fiel bei seinem König in Ungnade. Der ließ ihn im obersten Raum eines Turmes einkerkern. In einer mondhellen Nacht aber stand der Gefangene oben auf der Zinne und schaute hinab. Da sah er seine Frau. Sie machte ihm ein Zeichen und berührte die Mauer des Turmes. Gespannt blickte der Mann hinunter, aber er konnte nicht erkennen, was seine Frau tat. So wartete er geduldig. Die Frau hatte ein honigliebendes Insekt gefangen, sie bestrich die Fühler des Käfers mit Honig.

> Dann befestigte sie das Ende eines Seidenfadens am Körper des Käfers und setzte das Tierchen mit dem Kopf nach oben an die Turmmauer. Der Käfer kroch langsam dem Geruch des Honigs nach, immer nach oben, bis er schließlich dort ankam, wo der gefangene Ehemann stand. Der gefangene Mann lauschte in die Nacht hinein, und sein Blick ging nach unten. Da sah er das kleine Tier über die Rampe klettern. Er griff behutsam nach ihm, löste den Seidenfaden und zog ihn langsam und vorsichtig zu sich empor. Der Faden aber wurde immer schwerer. Und als der Ehemann den Seidenfaden ganz bei sich hatte, sah er, dass am Ende des turmlangen Fadens ein Zwirnfaden befestigt war. Der Mann oben zog nun auch diesen Faden zu sich empor. Der Faden wurde immer schwerer, und siehe, an seinem Ende war ein kräftiger Bindfaden festgemacht. Langsam und vorsichtig zog der Mann den Bindfaden zu sich empor. Auch dieser Faden wurde immer schwerer. Und an seinem Ende war eine starke Schnur. Der Mann zog die Schnur zu sich heran und hatte schließlich ein starkes Seil, in seiner Hand. Das Seil machte der Mann an einer Turmzinne fest. Das Weitere war einfach. Der Gefangene ließ sich am Seil hinab und war frei. Er ging mit seiner Frau schweigend in die stille Nacht hinaus und verließ das Land des ungerechten Königs.

Hingabe an das Größere Ganze, an die universale Lebenskraft, ist wie der Rahmen, der erste und der letzte Schritt aller Veränderung, und zwar sowohl der Selbstveränderung als auch der Veränderung der Welt. Wir können es nicht selbst machen, denn wir haben weder den Überblick noch die Intelligenz. Auch die Power und die Macht, die Welt zu verändern, haben wir nicht, ja nicht einmal, um uns selbst zu ändern. Wenn du dir dies eingestehst, fällt viel Anstrengung weg, vielleicht sogar die gesamte. Stell dir die universale Lebenskraft wie einen mächtigen Strom vor. »In ihm leben, weben und sind wir«, sagt Paulus (Apg 17,28). Hingabe und Zustimmung bedeutet, dass wir aufhören, gegen den Strom zu schwimmen oder zu rudern (was uns nur ein Burnout einbringen würde), sondern dass wir in seine Kraft und Richtung einstimmen und sie dadurch mitbestimmen. Das Leben – manche sagen dafür Gott – hat uns hervorgebracht und erschaffen, und wir bringen das Leben wiederum mit jedem Atemzug auch selbst hervor und erschaffen es neu.

Wenn wir das begreifen, begreifen wir das Schwimmen gegen den Strom oder quer dazu als äußerst kontraproduktiv, ja als dumm, sinnlos und selbstzerstörerisch. Und das sowohl für uns Einzelne als auch für uns als Menschheit. Da hilft nichts als Umkehr: Metanoia, das Umdenken zu einer neuen Selbst- und Weltsicht.

Gestehen wir uns zunächst einmal diesen Irrtum ein sowie alle Illusionen und Konstruktionen, die dazu gehören. Das ist vor allem der Glaube an die Getrenntheit vom Lebensstrom, die Vorstellung, dass wir außerhalb ständen und ihn wie von außen beeinflussen könnten. Das ist so, wie wenn ein Fisch sich im Ozean schwimmend umschaut und fragt, wo ist das Wasser?

Es ist eine irrtümliche Annahme, wir seien von der universalen Lebenskraft (Gott) getrennt und müssten den Graben zwischen uns und IHR/IHM erst überbrücken, überspringen, ausfüllen (quasi den Sündenfall wieder gut machen). Wenn wir *Sünde* jedoch als *Beziehungsstörung* definieren, zu anderen Menschen, zur Natur, zum Großen Ganzen und zu uns selbst, dann besteht die eigentliche Sünde darin, nicht in Resonanz zu den anderen und zum Leben zu gehen, *nicht* zu antworten, sondern sich wie Adam und Eva im Garten Eden zu verstecken, womit sie aus dem Garten ein Dornengestrüpp gemacht haben. Leid und Sünde sind dann eine abtrennende und objektivierende Welt- und Selbstwahrnehmung.

Wir sind eins mit allen Wesen, vernetzt und verbunden mit der ganzen Schöpfung! Von dem gegenteiligen grundlegenden Irrtum der Getrenntheit sind die Illusionen des Mangels, der Unwissenheit, des Geizes und der Überlegenheit nur abgeleitet. Neale D. Walsch hat sie alle in seinem Buch *Gemeinschaft mit Gott* aufgezählt und ausführlich beschrieben, was es bedeutet, wenn wir sie, anstatt an sie zu glauben, als Konstruktionen unseres Geistes sehen. Dann nämlich können wir sie sogar zum Erkenntnisgewinn nutzen: Das Denken von Trennung und Dualität ist der Königsweg zur Begegnung und Verbundenheit, das heißt es ermöglicht uns, unsere dialogische Existenz zu erkennen, zu erfahren und in unser Bewusstsein zu bringen.

Durch die Konstruktion von Getrenntheit wird sich das Leben seiner selbst bewusst. Durch uns Menschen und unsere unterscheidende

Geistes-Kraft verschafft sich ALLES WAS IST Bewusstheit. Wenn wir dem zustimmen, ist alles Leid aufgehoben.

Zur Zustimmung gehört zunächst, sich Mangel, Schuld, Ängste und Blockaden, aber auch Bequemlichkeiten, Süchte und Überlegenheiten als Irrtümer, Konstruktionen und Glaubenssätze einzugestehen.

Ein Zen-Meister wird gebeten, den Unterschied zwischen Mensch und Tier zu erklären – beide besäßen doch die Buddha-Natur. »Also gut«, antwortet der Meister, »ich werde es erklären – und zwar am Beispiel von Ratten: Angenommen, wir setzen eine Ratte immer wieder in ein Labyrinth, das in vier Tunnel mündet, und am Ende des vierten Tunnels legen wir immer ein Stück Käse. Die Ratte wird mit der Zeit lernen, in den vierten Tunnel zu laufen, um an den Käse zu kommen. Ein Mensch lernt es auch. Nun wird der Käse aber in einen anderen Tunnel verlegt. Die Ratte läuft wie gewohnt in den vierten Tunnel – kein Käse dort! Sie versucht es ein zweites und drittes, vielleicht noch ein viertes Mal. Schließlich gibt sie es auf und sucht anderswo. Und hier zeigt sich der Unterschied zum Menschen: Ratten sind von nichts überzeugt, sie interessieren sich für Käse! Menschen entwickeln eine Überzeugung: in diesem Fall den Glauben an den vierten Tunnel. Menschen halten es bald für richtig, den vierten Tunnel aufzusuchen, egal ob dort Käse ist oder nicht. Menschen gehen weiterhin in den vierten Tunnel, weil sie lieber recht haben als den Käse!«
»Ja«, sagt der Meister zu seinen Schülern, »auch ihr habt lieber recht, als glücklich zu sein. Um euch selbst und anderen zu beweisen, dass ihr recht habt, rennt ihr Jahr und Jahrzehnte weiter in vierte Tunnel. Und genau deshalb habt ihr schon so lange keinen ›Käse‹ mehr bekommen! Merkt euch: Ihr bekommt euren ›Käse‹ nie, wenn ihr ihn dort sucht, wo er eben noch war! Das Leben verlegt ihn ständig in neue Tunnel. Ihr seid hier und praktiziert nun Zen, um eure ›Käse-verneinenden‹ Überzeugungen endlich loszuwerden. Aber Vorsicht: Sobald ihr eine Vorstellung davon habt, was und wo das Glück oder die Erleuchtung ist, habt ihr die Chance verspielt, dahin zu kommen!«[34]

30 GLAUBE NICHT ALLES, WAS DU DENKST!

Nimm wieder einen alten Glaubenssatz, eine lieb gewordenen Opfergeschichte oder eine eingefahrene abtörnende Handlung. Mache dir bewusst, dass dieser Glaubenssatz, diese Geschichte oder dieses Bild, was du dir immer wieder vor Augen führst, von dir aus der Vergangenheit hergeholt ist (natürlich nicht von dir alleine). Damit beginnst du, das Bewusstsein, dass alles deine Wahl ist, zunächst einmal rein äußerlich in deinem Nervensystem durch Wiederholung zu verankern.

Programmiere dich um, schaffe neue syntaktische Verbindungen in deinem Gehirn. Bezweifle alte Denkgewohnheiten und ersetze sie durch neue wohltuende Gedanken, bis das Zweifeln Spaß macht. Dein kritischer Verstand wird dadurch immer mehr gebraucht: Denn du musst dabei immer wieder lieb gewordene Komfortzonen bewusst und entschieden verlassen, dein gewohntes Denken und die daraus folgenden inneren und äußeren Reaktionen (Gefühl und Verhalten) bezweifeln und einer kritischen Betrachtung unterziehen. Bei welchem Denken, Fühlen und Handeln fühle ich mich wirklich, wirklich wohl und bei mir selbst zu Hause? Such dir aus und entscheide täglich einmal, dann zehnmal, dann hundertmal, ob ein Glaubenssatz bzw. Gedanken mitsamt dem dazugehörigen Gefühl dir guttut oder ob du ihn auswechseln willst. Dabei kann dir niemand helfen! Denn du bist frei, und nichts und niemand bildet eine äußere Autorität. Aber mit der Zeit wird sich dann Spürbewusstsein entwickeln, dein Vertrauen und deine Herzens-Entschiedenheit.

Dazu gehört natürlich auch, dass du für das alte Denken Verantwortung übernimmst und es nicht leugnest, ablehnst oder gar bekämpfst. Schau in die Vergangenheit ohne Scham und ohne Schuld! Du musst sehr viel präfrontale Gehirntätigkeit (also bewusstes Denken) einsetzen sowie Zeit und Ausdauer, um dein Stammhirn umzuprogrammieren.

Sei darauf gefasst, dass sämtliche Abwehrmechanismen dagegen aufstehen werden, wenn du einen alten, gut eingefahrenen Glaubenssatz wirklich infrage stellst und entlarven willst: Müdigkeit, Vergesslichkeit, Trägheit, Langeweile, Ängste, Ablenkungen wie Essen und Trinken, Erklären und Warum-Fragen, sich ärgern, zweifeln, sich verteidigen, leugnen, verniedlichen, auf andere projizieren und vieles mehr. Sage deinem inneren Schweinehund: »Auch wenn du jetzt zum Kühlschrank rennst oder zum Telefon greifst, du weißt, mein Inneres Selbst wird darauf zurückkommen!«

Dieser erste Schritt trainiert deine Willenskraft und deine Ausdauer, weil er anstrengend ist, und deine Intelligenz, weil du Wege finden musst, Abwehrmechanismen zu überlisten. Einige der intelligenten Hilfsmittel sind Bleistift und Papier, lautes Aussprechen, mit einem Freund darüber sprechen usw.

Überhaupt ist es wichtig, sich gegenseitige Unterstützung zu geben und zu nehmen, zwei oder drei Personen genügen! Allein ist es unmöglich. Wenn wir uns alleine fühlen, sind wir viel zu anfällig für Selbstblockierungen wie Schuld und Scham und damit für die ganze kapitalistische Logik.

Übung zu Glaubenssätzen und Programmierungen

Du findest hier einige Beispiele für häufige Glaubenssätze, die einer Untersuchung wert sind. Unterstreiche den Satz, mit dem du anfangen willst. Alle hängen natürlich zusammen wie die Fäden in einem Spinnennetz, aber beginne mit einem, an den du bisher mehr oder weniger geglaubt hast, auch wenn ein inneres Wissen, dass er nicht ganz stimmen kann, schon immer da war:

- »Ich kann das nicht.« (z. B. Ärger ausdrücken, mich durchsetzen, die Wahrheit sagen, mit Geld umgehen, auf jemanden zugehen, über dieses Thema sprechen usw.)
- »Mir geht es immer schlecht, wenn …« (ich nicht genug Schlaf habe, einen Fehler gemacht habe, meine Eltern, meine Kinder, mein Partner mir Vorwürfe machen usw.)
- »Ich bin dauernd krank.«
- »Ich muss beweisen, dass ich dazugehöre.«
- »Niemand liebt mich, wie ich bin.«
- »Ich muss mich verstecken.«
- »Ich bin nicht intelligent genug.«
- »Ich kann mich nicht konzentrieren.«
- Schreibe einen interessanten Glaubenssatz von dir hier auf (aus dem Kopf heraus).

Schreibe noch andere Glaubenssätze dazu, die du für dich angenommen hast, geglaubt, bezweifelt, bekämpft, verdrängt, vergessen, wiederbelebt hast, bis sie zu gewohnten Denkmustern, ja vielleicht zu Seins-Zuständen geworden sind.

Natürlich hast du diese Glaubenssätze nicht erfunden, sondern sie sind dir vielleicht schon als Kind eingetrichtert oder suggeriert worden. Das ändert aber nichts an ihrer Wirksamkeit und auch nichts daran, dass du selbst und niemand anderer verantwortlich bist, sie zu glauben oder nicht zu glauben. Fange damit an, nicht mehr alles zu glauben, was du denkst, was du früher gedacht hast oder was die anderen denken.

Solche automatischen Glaubenssätze und gedanklichen Programmierungen erkennst du daran, dass sie mit unangenehmen Gefühlen einhergehen. Gedanken und Gefühle sind – wie du bereits weißt – zirkulär miteinander verbunden: Gedanken wie Erinnerungen, Fantasieprodukte und Bilder erzeugen Gefühle, die wiederum biochemisch die entsprechenden Bilder und Erinnerungen bestätigen. Besonders suggestiv sind Gedanken und Gefühle, die dem Zeitgeist entsprechen, die von außen immer wieder suggeriert werden und sich natürlich dann auch körperlich manifestieren, oder die einen scheinbaren Ursache-Wirkungs-Zusammenhang (sogenanntes Karma) vermitteln. Solche Zusammenhänge als Denk- und Wahrnehmungsmuster zu identifizieren und zu bezweifeln lohnt sich besonders!

31 EIN NEUER ENTWURF DEINES SELBST

Diese Übung ist eine Weiterentwicklung der PURE-Übung von Frederick Dodson.[35] Du erschaffst dir eine wunderbare Vision des neuen Seins-Zustandes oder der von dir erwünschten Erfahrung. Frederick Dodson nennt das ein »paralleles Selbst«. Ich schlage dir dafür vier Schritte vor.

1. **Definiere eine Erfahrung, die du zu machen wünscht, in einem Satz. (Schreibe ein Kurz-Drehbuch!)**
   Wenn du nicht weißt, was du möchtest, erinnere dich an eine Mangelerfahrung und formuliere das Gegenteil. Dein Wunsch kann vage oder spezifisch sein. Finde eine Formulierung, der du ganz zustimmen kannst. Sage innerlich Ja zu dieser Formulierung. Wenn das nicht geht, formuliere um, bis das Herz weit wird und Vorfreude aufkommt.
2. **Entspanne dich ins Nichts, in die Leere, sei still!**
   Damit etwas Neues entstehen kann, müssen wir uns in den Raum der Leere fallen lassen, den Raum unendlicher

Potenzialität. Dazu üben wir die »Raum-Meditation des unendlichen Selbst«. Lasse die Worte, die du gerade für deine Herzenswünsche gefunden und aufgeschrieben hast, wieder verblassen, sodass das leere, weiße Papier übrigbleibt. Gehe in die Stille. Schließe die Augen. Der Körper atmet, und der Körper hat Gewicht. Ignoriere alle Gedanken über die sogenannte Realität. Erlaube allen Wünschen und Zweifeln auszuklingen. Erlaube allem Wollen, Müssen oder Sollen, Können oder Nichtkönnen, sich im Wasser aufzulösen oder in der Luft zu verwehen. Konzepte, Wissen, Werte, Erinnerungen und Reaktionen können kommen und wieder gehen. Sie mögen immer noch existieren, aber sie sind für die Stille, die du jetzt erlebst, nicht mehr wichtig.
Wie tust du das? Du tust gar nichts. Du hörst auf, irgendetwas zu tun. Du beobachtest nur. Hinter den Wolken des Verstandes und der sogenannten Realität liegt ein klarer Himmel von Bewusstsein, immer still, immer präsent. Nichts wird begehrt und nichts wird abgelehnt. Nichts wird geschaffen und nichts wird zerstört. Du bist nicht mit irgendetwas identifiziert. Geh nicht zum nächsten Schritt über, bevor du dich nicht ganz wohlfühlst. Sich gut zu fühlen ist nicht das Ziel dieser Übung, es ist eine Grundlage.

3. **Schaue auf eine neue Version von dir selbst!**
Lasse nun das leere weiße Papier zu einer großen Leinwand werden, auf der ein Bild oder eine Situation auftaucht, in der du die gewünschte Realität erfährst. Geh auf Entdeckungsreise durch diese Szene. Du brauchst nichts zu machen. Es ist keine Frage der Willenskraft oder der Anstrengung oder der Konzentration. Staune einfach über die Schönheit dieses Bildes, erfreue dich an diesem Bild, wie es da allmählich erscheint, male es dir aus, bis es dir Spaß macht – du bist der Schöpfer eines wundervollen Kinofilms. Dazu stehen dir alle Hollywood-Mittel zur Verfügung. Der Film gewinnt immer mehr Farbigkeit und Bewegung, Spannung und Ausdruckskraft, sodass jeder Zuschauer diesen Film mit freudiger Aufregung anschaut.

Tritt nun in dieses Bild ein.
Sei du in dieser Szene. Spüre das Energiefeld dieser Person, die du gerade erschaffst und die bereits die vollständige Erfüllung dieser Realität erlebt. Erfreue dich an diesen Bildern, bis du Leichtigkeit, Dankbarkeit und Zufriedenheit fühlst. Erlebe die Szene nicht nur mental, sondern berühre sie, empfinde sie körperlich, fühle sie von innen.
Überprüfe, wie ein guter Schauspieler, ob dieses Drehbuch auch spielbar ist. Du tust das nicht, um diese Realität später einmal zu erfahren, du erfährst sie schon hier und jetzt, und zwar in Freude. Vielleicht zeigt sich ein Lächeln auf deinem Gesicht. Vielleicht entspannt sich etwas in deinem Körper oder du spürst eine große Verbundenheit mit der Umgebung oder eine Auf- und Ausrichtung deines Körpers. Verweile einige Minuten darin mit geschlossenen Augen.
Sei nun wieder der Regisseur dieses Films.
Als Drehbuch hast du deine Absichtserklärung im Hintergrund. Wie kannst du diese Szenen noch attraktiver, noch spannender, noch schöner und exzellenter machen? Vielleicht mehr Licht, oder mehr Bewegung, oder mehr Kontraste oder, oder ...
Gib dem Schauspieler Anweisungen und Ideen aus der Außenperspektive! Dann springe wieder hinein und versuche, diese Anweisungen zu realisieren.
Du kannst dem Regisseur zurückmelden, was funktioniert und was nicht. Springe jetzt einige Male zwischen der Außen- und Innenperspektive hin und her, du bist beides mit Leichtigkeit.

4. **Lass alles los.**
Visualisiere nicht, affirmiere nicht, übe nicht und warte nicht darauf. Denke nicht einmal mehr darüber nach. Wenn du etwas tun willst, dann höre mehr und mehr auf, den Ereignissen, die nicht zu deiner ausgewählten Realität zählen, große Relevanz oder Wichtigkeit beizumessen. Solche alte Szenen, Gedanken, Gefühle oder auch Körpersymptome können auftauchen, aber sie sind nicht mehr wichtig genug, als dass du dich großartig um sie kümmern oder mit ihnen in Interaktion

treten wolltest. Die Dinge können jetzt noch so sein oder erscheinen wie früher, aber du hast Distanz zu ihnen, weil du jederzeit switchen kannst. Die sogenannte äußere Realität wird sich wandeln, wenn du sie nicht mehr brauchst, ihr nicht mehr hinterherjagst oder sie erwartest. Stattdessen bist du willentlich und mit Liebe mit der neuen Realität verbunden – nicht um der Manifestation willen, sondern um die Freude daran im Hier und Jetzt zu erleben. (Die Manifestation des »Himmels« kann und wird wahrscheinlich ganz anders aussehen, als du gedacht hast.)

Anmerkungen zu diesem Film-Erlebnis und einige Beispiele

Wenn wir in den »inneren Film« eintauchen, erscheint es oft, als würden wir nicht deutlich sehen oder hören können. Das scheint aber nur so, denn wenn wir einige hilfreiche Fragen stellen (oder uns stellen lassen), dann zeigt sich sehr schnell, dass wir alle Sinne auch innerlich präsent haben, dass es uns nur nicht bewusst ist: »Welche Farbe sollen deine Schuhe haben?«, »Bist du in einem Gebäude oder in der Natur?« usw.

Die meisten Menschen haben einen sogenannten Leitsinn. Das ist jener Sinn, dem sich die anderen Sinne beiordnen. Manche *fühlen* erst einmal alles »kinästhetisch«-körperlich, manche *sehen* »visuell« Bilder, manche funktionieren mehr »auditiv«, das heißt sie *hören* und tauchen alles in Töne, Klänge oder Worte, andere sind vor allem auf das *Schmecken* oder *Riechen* aus.

Lasse dich nicht irritieren, wenn andere anders sind!

Lasse dich jedenfalls nicht irritieren, wenn andere ihre Sinne anders als du einsetzen.

Manchmal erfahren wir den »Film« auch in »Synästhesie«, also mit mehreren Sinnen gleichzeitig. Wir erleben die sinnlichen Wahrnehmungen nicht als getrennt, sondern erleben Fühlen, Sehen, Hören, Geruch und Geschmack in einem.

Alles ist gut, wenn wir uns dabei wohlfühlen. Wenn wir uns jedoch nicht wohlfühlen, dann lohnt es sich, einzelne Szenen oder Teile aus der Außenperspektive (Regisseur) zu verändern und anschließend aus der Innensicht zu überprüfen, ob diese Veränderungen zu mehr Wohlgefühl führen.

Karoline erlebte sich als »gelähmt«, wenn sie auf ihren Film schaute. In dem Moment, wo sie Bewegung ins Bild brachte, veränderte sich ihre Wahrnehmung sofort. Ihr Leitsinn war also »kinästhetisches« Körpergefühl (Lähmung/Bewegung).

Sabine sah Licht und tauchte darin ein mit der Annahme, dass sie darin eigentlich nichts sehen könne. Bei Nachfragen stellte sich schnell heraus, dass sie eine ganze Menge an Bildern hatte, die ihr jedoch nicht gleich bewusst waren. Ihr Leitsinn war in dem Fall das Sehen.

Felicitas erlebte sich als passiv und hatte den Eindruck, dass ihr die Szene aus der Hand glitt, ohne dass sie Einfluss darauf hatte. Sie traute sich nicht, Regisseurin zu sein – vielleicht, weil sie es in ihrem Alltag gewohnt war, sich bestimmen zu lassen. Als sie es sich erlaubte, wie mit dem Malkasten als Kind jedes Detail in der Szene aktiv und nach Belieben zu gestalten, machte es ihr richtig Spaß.

Ein paar Anweisungen für deine Freundin, deinen Freund

Beim Drehen dieses Movie ist es hilfreich, Fragen zu stellen. Bitte deine Freundin, dir Fragen zu stellen. Zum Beispiel: »Wo bist du gerade in deinem Film, was hast du an, passt das Licht, die Temperatur, sind andere Leute bei dir oder bist du alleine, hörst du Geräusche, willst du Musik in die Szene geben« und so fort.

Hilfreich sind alle Fragen, die die Sinne aktivieren und das Wechseln der Sinneskanäle anregen (Sehen, Spüren, Hören, Riechen, Schmecken). Sehr wichtig ist auch die Aufforderung zum Wechseln der Perspektiven (Innen- und Außensicht, Schauspielerin und Regisseurin). Dabei zeigt sich schnell, was wesentlich ist und was nicht. Welche inneren Repräsentationen sind besonders hilfreich? Oft sind es ein Geruch oder eine Musik, die einen großen Unterschied machen.

Da wir schöpferische Wesen sind, können wir mittels unserer Gedanken (Wollen, Formulieren, Entscheiden) und unserer dazugehörigen Gefühle (Wann fühlt es sich gut an, was wir denken? Welche Gedanken fühlen sich nicht gut an?) in unserem Inneren jede beliebige Szene kreieren.

Was wir in unserem Inneren mit ganzem Herzen und mit allen Sinnen erleben, das wird sich auch außen zeigen.

Betrachte aber auch die alten Geschichten aus der Vergangenheit als Manifestation deiner Gedanken, Gefühle und Entscheidungen (die du natürlich auch aus deiner Familie oder Gruppe suggeriert bekommen und angenommen hast).

Wir lernen, uns »immer wieder neu zu erfinden«, also unsere alten Gedanken, Bilder und Programme, mit denen wir uns identifiziert haben, loszulassen und uns neue Freiheit zu gestatten. Damit wird jedoch auch deutlich, dass wir jenseits all unserer Erfahrungen und Verkörperungen geistige Wesen sind, »nicht so fix, wie wir dachten«. Das kann zuweilen Angst machen.

Experimentieren und spielen, sich immer wieder loslassen und die Bühne des eigenen Lebens mit »neuen Szenen« zu bespielen lohnt sich allemal. Alte Gedanken und Glaubenssätze »ausatmen«, die uns behindern, und neue Gedanken in Anspruch nehmen – wissend, dass unser wahres Wesen jenseits von hier oder dort »Liebesschwingung« ist.

> Auf die Frage, was denn sein Geheimnis sei, soll Albert Einstein gesagt haben: »Jeden Tag zehn Minuten das Gegenteil denken.«

Gedanken kannst du leichter loslassen, wenn du sie durch neue Gedanken ersetzt. Auch die Fähigkeit, dankbare Gedanken zu denken, ist eine große Hilfe. Dankbarkeit ist der Generalschlüssel zum Himmel auf Erden. Dazu mehr im folgenden Kapitel.

32 ALLES, WOFÜR WIR UNS BEDANKEN, VERMEHRT SICH IN UNSEREM LEBEN

Emotionen, die uns »plagen«, können wir willkommen heißen (also anerkennen), sie bewusst wieder loslassen und beobachten, wie sie sich wandeln, wenn wir sei einfach in liebevoller »Beobachter-Neutralität« begleiten. Wenn wir darüber nachdenken, halten wir sie eher fest. Aber wenn wir sie wieder ziehen lassen, machen wir meist die Erfahrung, dass sie sich von selbst wandeln.

Du bist nun in deinem Prozess an einem Abschnitt höchster moralischer Anstrengung und mutiger Selbsterkenntnis angelangt. Du streichst einen veralteten Glaubenssatz radikal samt den dazugehörigen Emotionen. Du entscheidest dich dafür, ihn für einen Irrtum zu halten, der dir zwar irgendwann einmal von Nutzen war, aber du lässt ihn dennoch los. Das ist wie ein Sprung in den Abgrund, in eine absolut unglaubliche, unvorhersehbare, neue Dimension. Kein Zuckerschlecken, sondern immer wieder mit Furcht und Zittern, mit Verwirrung, Verwunderung und Überraschung verbunden. Ich erwähne es noch einmal, was Jesus dazu sagte:

>> Es ist schwerer, dass ein Reicher [d. h. jemand, der viele Dinge und Konzepte hat und festhält] ins Himmelreich kommt, als dass ein Kamel durch ein Nadelöhr geht << (Lk 18,27).

33 DAS *GIVE AWAY* (MIT EINEM HINGABE-RITUAL)

Das Give Away ist ein indianisches Ritual, bei dem man etwas, das man nicht mehr braucht, loslässt, auch wenn es einem einmal von Nutzen war. Es geschieht öffentlich, laut und möglichst vor Zeugen. Daher brauchst du ein Gegenüber, also einen Freund oder eine Freundin.

Wenn du dich entschlossen hast, einen bestimmten Gedanken nicht mehr zu glauben und auch die damit verbundenen Gefühle und Verhaltensweisen nicht mehr ernst zu nehmen, berichte deinem Gegenüber schonungslos und offen, was du über dich erkannt hast: Wie du warst, was du geglaubt hast, was du gefühlt hast und was du daraufhin immer wieder getan hast. Egal, ob du das als Schuld oder Irrtum einstufst, als Sünde oder Fehler. Übernimm die Verantwortung, ohne dich als Opfer von äußeren Umständen, des Schicksals, der Geschichte, der Eltern usw. darzustellen. Bewusstes Aussprechen (früher nannte man das Bekenntnis oder Beichte) ist eine wirksame Methode, die dich vom Alten befreit. (Wenn es nicht anders geht und du allein bist, sprich es laut aus, schreibe es auf und übergebe den Zettel einem der vier Elemente des Universums, d. h. vergrabe ihn, verbrenne ihn, lass ihn vom Wind verwehen oder löse ihn auf.)

Andere Methoden der Distanzierung von einem alten Teufelskreis sind:

Ausatmen und das Neue einatmen, fühlen und formulieren.

Das Alte abklatschen wie eine Kakerlake ohne Mitleid (eine indianische Krieger-Technik) und sich dem Neuen zuwenden.

Das Alte wie einen Schleier von sich selbst wegziehen, es fest an seinem ursprünglichen Platz verankern und auf sich selbst ohne Schleier schauen. Diesen neuen Blick wieder formulieren und verankern.[36]

Problematisch allerdings ist, wenn du dich mit der Analyse des ursprünglichen Platzes bzw. der ursprünglichen Situation wieder neu selbst hypnotisierst und auf diese Weise eine wirkliche Umkehr vermeidest. Jesus sagt dazu: »Wenn man einen Dämon aus einem Haus vertrieben hat und lässt es leer stehen, wird es von zehn neuen Dämonen besetzt werden« (Mt 12,43-45).

Welche Methode des Loslassens du auch immer anwendest – aussprechen, ausatmen, abklatschen, ablösen; Analyse, Aufstellung, Therapie – halte dich nicht zu lange beim Alten auf, denn das war keine gute Option! Löse dich von dieser Option und wende dich entschieden und ohne Zögern dem Neuen zu. Wenn im Neuen wieder ein Schleier, ein Gift oder eine Blockierung auftaucht, bleibe hartnäckig beim Entgiften, bis das Neue klar und rein, wirklich vertikal zum Alten erscheint. Vielleicht findest du auch deine eigene, ganz neue Methode, aber achte darauf, dass es nicht nur ein Gedanke bleibt, sondern dass es zu einer ganzheitlichen Handlung kommt, an der Körper, Gefühl und Verstand beteiligt sind:

- Ein körperlicher Vorgang wie Ausatmen, Aussprechen, Aufschreiben, etwas Weggeben usw.
- Ein seelischer Vorgang, bei dem du zum Beispiel Erleichterung, Frieden oder Befreiung spürst.

- Ein geistiger Vorgang mit Entschiedenheit im Loslassen alter Bilder und Glaubenssätze.

Tue das möglichst unter Zeugenschaft.

Wenn du dir dein Gefängnis und das bisher Versteckte bewusst machst, verliert es seine Macht über dich. Jesus meint hierzu: »Die Wahrheit wird euch frei machen« (Joh 8,32). Der Körper ist oft etwas langsamer als der Geist (Trägheit der Masse), aber er fängt an, dir zu glauben, wenn er hört, was du laut aussprichst. Dann atmet er auf und entspannt sich.

Dein Begleiter hat dabei nichts anderes zu tun als aufmerksam zuzuhören und darauf zu achten, ob du ehrlich gegenüber dir selbst bist. Wenn du fertig bist, fragt er dich: »War das vollständig?« Und wenn du mit Ja antwortest, frage ihn, ob er bereit ist, für dich dein SELBST zu repräsentieren, damit du deine Sorgen und Ängste an dieses SELBST übergeben kannst.

Wenn du noch nicht ganz entschieden bist und es lieber noch einmal auf die alte Weise probieren möchtest, wartet das Große Ganze gerne noch eine Zeit lang ab. Gott ist uns zwar in bedingungsloser Liebe zugetan, aber unsere Freiheit geht IHR/IHM über alles. Das Göttliche kommuniziert mit uns nur auf Augenhöhe, niemals von oben herab. (Es ist in jeder Hinsicht ein Irrtum, den Himmel nur oben zu sehen.) Anders ausgedrückt: Alles, was du tust, und alles, was dir begegnet, ist deine Wahl. Und wenn du die Verantwortung dafür übernimmst, hört selbstverständlich auch das Leiden daran auf.

Wenn du dich klar dafür entschieden hast, deine negativen Emotionen mitsamt den dazugehörigen Glaubenssätzen und Strategien der höheren Intelligenz, deinem SELBST oder wie immer du es nennst, zu übergeben, dann vollzieht miteinander das folgende **Hingabe-Ritual:**

Tritt deinem Gegenüber, der ja das Große Ganze für dich repräsentiert, auf Augenhöhe gegenüber und sprich laut und deutlich mit deiner eigenen Formulierung aus:

»Ich übergebe DIR, dem größeren Ganzen/Gott/Selbst/Weisheit/Leben/Universale Intelligenz ... vollständig und unwiderruflich meine Sorgen um/Angst vor/Glauben an/Wut über ...!«

Wenn du also beispielsweise mit dem Glaubenssatz »Ich bin dauernd krank« arbeitest, mitsamt dem dazugehörigen Gefühlskomplex von Sorge und Angst sowie den entsprechenden Strategien, dann sprich laut und deutlich aus:

»Ich übergebe DIR vollständig und unwiderruflich meine Sorge und Angst um meine Gesundheit.«

Dein Gegenüber hält beide Hände zum Empfang deiner Sorgen oder alten Glaubenssätze auf, und du gibst ihm all diesen Kram in seine Hände, lässt los, drehst dich um und schaust in die andere Richtung. Neu ausgerichtet, frei und unbeschwert, ohne dich darum zu kümmern, was die Göttliche Intelligenz damit tut.

Dein Gegenüber hat nichts mehr zu tun, kein weiteres Rollenspiel, kein Abstreifen seiner Rolle. Er oder sie hat ja das Größere Ganze repräsentiert, in welchem sowieso alle Sorgen und Probleme ihren Platz haben. Dein Gegenüber war sozusagen Kanal oder Zeuge für die Übergabe deiner Sorgen und Ängste und ist nicht verantwortlich dafür, was damit geschieht. Es ist allerdings eine wunderbare Erfahrung, Zeuge oder Kanal zu sein, das GANZE zu repräsentieren und bedingungslos zur Verfügung zu stehen, leicht und doch tief.

Damit ist das Ritual beendet. Es ist einmalig und braucht nicht wiederholt zu werden. Wie sich diese einmalige Erleuchtungs- oder Befreiungserfahrungen körperlich und im Alltag verankern, wie sie dein Leben daraufhin ändern können, davon handelt der letzte Abschnitt dieses Buches.

Bekommst du nach der Übergabe deiner Sorge und Angst um deine Gesundheit wieder Schmerzen oder andere Hinweise darauf, dass körperlich etwas gestört sein könnte, wirst du dich immer daran erinnern, dass du die Verantwortung für deine Gesundheit in die Hände Gottes gelegt hast. Ein wunderbares Gefühl von Gelassenheit und

Vertrauen wird sich allmählich einstellen, und viele Schmerzen und Symptome verschwinden so schnell, wie sie gekommen sind. Und wenn sie nicht verschwinden, kannst du sie vielleicht als Botschaft, Lektion oder gar als Segen für dich persönlich oder/und für die ganze Menschheit erkennen.

Gestehe deinen Irrtum, deine Ohnmacht oder dein Versagen ein und übergib die Sorge um Wiedergutmachung oder die Angst vor Bestrafung dem GEIST des GANZEN. Dann brauchst du nicht mehr zu betteln, Versprechungen zu machen, dich zu schämen oder Schuldgefühle zu haben, dich anzustrengen oder unter Stress zu bringen – und auch nicht mehr vorzugeben, glücklich zu sein. Du brauchst nicht einmal an das Größere Ganze zu glauben. Tue so als ob, sagt Blaise Pascal – und das, was andere Glauben oder Glück oder Frieden nennen, wird sich von selbst einstellen, und zwar so einzigartig, wie du selbst bist. Es ist paradox und logisch zugleich, aber die Quelle der unendlichen Weisheit wird dann mehr und mehr in dir zu sprudeln beginnen. Du wirst daraus trinken können, wenn du erst einmal den Mund geöffnet und das negative Denken und Fühlen ausgeatmet und ausgesprochen hast, das dir die Kehle und den Geist verstopft hat. Ein Hinweis ist dabei wichtig: Du wirst dich in dieser Quelle allmählich auflösen. Das kannst du nicht vermeiden – so wie du mit dem Tod in unendlicher Liebe und Bewusstheit aufgehst. Du bist ein Teil und eine einzigartige Ausdrucksform des GANZEN, die sich am Ende nicht mehr vom GANZEN unterscheidet.

Wenn du dann geübt bist, als FREIES ICH mit deinem SELBST zu kommunizieren – in meinem Selbstliebe-Buch habe ich dafür viele Übungen bereitgestellt – oder das Gebet mit der göttlichen Kraft zu praktizieren (auch dafür gibt es viele Übungsbücher), kommst du vielleicht ohne äußere Repräsentanten aus. Allerdings ist es für die Erinnerung gut, ein äußeres Ritual, verkörpert durch einen oder mehrere Freunde, durchgeführt zu haben. Die Gemeinschaft spielt für uns Menschen von Kindheit an bis ins hohe Alter eine wichtige Rolle: für Rituale der Erinnerung, für Zeugenschaft und Bestätigung sowie für gegenseitige Unterstützung und Konfrontation jeder Art.

34 DAS NEUE DENKEN, FÜHLEN UND TUN

Übung: Finden und Formulieren eines Herzenswunsches

Schreibe einen deiner alten Glaubenssätze auf ein Blatt Papier. Zum Beispiel: »Ich bin müde und energielos.«

Formuliere die Replik auf diesen Glaubenssatz als deinen Herzenswunsch, beispielsweise: »Ich bin wach und voller Energie.«

Formuliere nun noch weitere Gegen-Sätze zu deinem alten Glaubenssatz. »Ich bin immer neu.«, »Ich habe immer so viel Kraft, wie ich brauche«, »Ich bin gelassen und kraftvoll.«

Nimm nun ein weiteres Beispiel für einen alten Glaubenssatz, wie: »Niemand liebt mich (so wie ich bin).«

Schreibe dieses Mal noch die Emotionen und Verhaltensweisen, die damit einhergehen, auf einen Zettel, etwa: Starrheit, Gefühllosigkeit, mechanisches Handeln und Kälte.
Übertreibe den alten Glaubenssatz: »Ich bin wie ein Roboter, vor dem man Angst hat und den niemand versteht.«

Und erkenne dich selbst: Aha, deswegen benehme ich mich oft so ruppig und abstoßend – um das trotzig zu bestätigen. Oder ich mache das Gegenteil, versuche übertrieben freundlich und verständig zu sein.

Nun entwickle im Gegensatz dazu einen neuen Herzenswunsch: »Ich liebe mich und alle!« Alle Aber-Sätze (z. B. »Das kann ich nicht«) bezweifle auch gleich mit. Sie gehören alle in die Recyclingtonne. Entscheide dich dafür loszulassen. Wende dich entschieden dem Neuen zu, ohne das Alte abzulehnen.

Vielleicht fallen dir dazu ein paar neue erfreuliche Glaubenssätze ein, beispielsweise »Ich bin geliebt«, »Ich bin Liebe«, »Mein Wesen ist Liebe und Freiheit.«

Frage dich, welcher dieser Sätze für dich mit den schönsten Gefühlen verbunden ist und welcher dich am meisten gegenüber deinem alten Denken herausfordert. Beispielsweise entscheidest du dich für »Ich bin reine Liebe.«

Vielleicht findest du diesen Satz gleichzeitig absolut übertrieben und wundervoll. Wenn das irgendwann oder irgendwo wirklich wäre, es wäre ein Wunder! Probiere es aus und spreche diesen Satz öfter laut aus. Genieße mehr und mehr das gute Gefühl, das dabei entsteht, und schon reagiert dein Körper mit Entspannung, Aufrichtung und Bewegung. Ein Impuls sagt vielleicht: »Leg dir doch deine Lieblingsmusik auf!« Versetze dich in dieses Bild, tanze und singe: »Ich bin reine Liebe!«

Was war noch mal das negative Erlebnis? Ach ja, du erinnerst dich, aber es hat seinen Schrecken verloren. Oder doch nicht? Wenn du länger dran denkst, fällt dein Körper wieder in sich zusammen. Vielleicht wirst du müde und fängst wieder an, an den alten Glaubenssatz zu glauben. Der alte Stress stellt sich wieder ein. Das Altvertraute hat noch immer Kraft. (Wenn du willst.)

Aber du hast dich ja für den positiven Satz entschieden! Spreche ihn jeden Morgen nach dem Aufstehen mindestens einmal aus und tanze ihn mit deiner Lieblingsmusik.

35 GIB DEM HIMMEL DEINE ABSICHT BEKANNT!

Ich nenne einen durch und durch positiven Satz »Vertikalsatz«, weil er vertikal auf einem stresserzeugenden, horizontalen Glaubenssatz steht. »Horizontal« nenne ich die lineare Logik, nach der es vor allem von mir abhängt, zu meinen Zielen zu kommen. Ich erinnere dich noch einmal an Abbildung 7.

Das horizontale Denken, das alles in die Vorstellungen von Raum und Zeit einordnet, ist das »normale« Denken, das wir in der Kindheit und in der Schule lernen. Es ist in der materiellen Wirklichkeit angesiedelt und wichtig für schnelles Reagieren, wie es unsere Urahnen bei plötzlich auftretenden Gefahren brauchten. Schnelles Reagieren (ohne Denken und Mitgefühl) heißt fliehen, angreifen oder sich totstellen. Diese drei Reaktionsmuster sind in unserem modernen Leben nicht immer sehr sinnvoll.

Im Gegensatz dazu rechnet die vertikale Logik (der »Himmel«) nicht mit Raum und Zeit, sondern überschreitet diese oft. Wir erfahren davon in der Meditation, im Gebet, im Tanz, im Yoga usw. Diese andere Wirklichkeit trifft die Horizontale immer im Hier und Jetzt, das heißt, sie ist nur und immer im Hier und Jetzt erfahrbar. Das christliche Symbol für die Zusammengehörigkeit beider Lebenswirklichkeiten ist das Kreuz. Es hat mit Himmel und Erde zu tun, mit Tod und Auferstehung, mit dem Sterben des Alten und mit dem Wunder des Neuen. Paulus formuliert dieses Paradox frei übersetzt so: »Schaffe deine Glückseligkeit mit höchster Anstrengung, denn Gott ist es, der beides schenkt, dass Wollen und das Vollbringen« (Phil 2:13). Du bist verantwortlich für das Loslassen des Alten und für die Wahl des Neuen: Metanoia. Aber paradoxerweise ist sowohl die Wahl als auch die Erfüllung nicht einfach machbar, sondern ein Geschenk Gottes, eine Gabe aus der anderen Wirklichkeit. Das Ergebnis ist dennoch nicht paradox, sondern eindeutig: Dankbarkeit und Feiern.

Du bist jetzt frei! Die Freiheit kann sich manchmal sehr leer anfühlen. Denn in völliger Freiheit sagt dir niemand, was du tun sollst, was richtig oder falsch ist. Du bist ganz auf dein Selbst gestellt, auf deine Verbundenheit mit dem Großen Ganzen. Meistens fühlt sich diese neue Freiheit aber wunderbar an, wie ein Aufatmen. Sprich ein paar Minuten mit niemandem, wenn du so etwas erlebst, außer mit dir selbst.

Entwirf dich selbst neu und übergib dann diesen Entwurf dem Großen Ganzen. Schöpferkraft und Hingabe sind eins. (Wie konntest du je glauben, das große Werk der Vollendung ganz alleine machen zu müssen?) Was du allerdings tun musst, ist, deinen Organismus und vor allem dein Nervensystem an die neue Situation zu gewöhnen. Dein Gehirn hat bisher geglaubt, alles alleine machen zu müssen, hat sich mehr schlecht als recht isoliert und für alles verantwortlich gehalten. Und nun soll es auf einmal erkennen und zugeben, dass es Teil eines größeren Feldes ist, Teil der universalen Intelligenz (die man vielleicht zur Abschreckung »Gott« genannt hat, damit du dich nur ja nicht mit dieser universalen Schöpferkraft und Intelligenz identifizierst). Von dieser Abschreckung, von diesem Verbot berichtet schon die Geschichte von der Vertreibung aus dem Paradies. Aber glücklicherweise ist der Mensch so geschaffen, dass er sich von Verboten und Grenzen nicht abschrecken lässt, sondern sie immer wieder neugierig und mutig überschreitet. Ich für meinen Teil glaube an einen »Gott«, der mutig-freie Haltungen und Handlungen belohnt und nicht bestraft.

Unser Organismus muss sich also erst daran gewöhnen, dass es diesen Dauerstress nicht mehr gibt, diese ständige Habachthaltung. Deshalb gibt es einige hilfreiche Regeln oder, wie die Buddhisten sagen, »geschickte Mittel« für die Umstellung unserer Glaubenssysteme:

Formuliere das, was du sein und erleben willst – die neue Wirklichkeit eben – als ganzen Satz und so, als wäre sie schon da. Wie hast du auf die Frage geantwortet: »Wer will ich in der neuen Wirklichkeit sein?«

Ich bin gesund.

Ich lebe in Liebe.

Ich bin frei.

Ich bin voller Energie.

Die machtvollsten Formulierungen dieser Art sind die *Ich-bin-Sätze*, wie sie im Johannes-Evangelium von Jesus überliefert werden. Die meisten von uns haben die Macht solcher Sätze schon im negativen Sinn ausprobiert, zum Beispiel mit: »Ich bin krank« oder »Ich bin ein Versager«. Das war ziemlich effektiv, nicht wahr? Und im positiven Sinn sind solche Sätze noch machtvoller als im negativen. Probiere es aus!

Sei von vornherein anspruchsvoll und nicht zu bescheiden. Du bist das erbberechtigte Kind Gottes. Und du beginnst gerade, an die Allmacht der göttlichen Intelligenz zu glauben, ja deren Teil zu sein. Dieser Glaube ist kein bloßes Für-wahr-Halten, er ist eine Praxis, ein In-Anspruch-Nehmen, ein So-tun-als-ob, aber als echtes *Tun* und nicht nur als Glaube im Kopf. Und im Laufe dieser Praxis entsteht auch eine Art von Für-wahr-Halten oder »Wissen«, besser Gewissheit genannt.

Zum französischen Mathematiker und Philosophen Blaise Pascal kam einmal ein Atheist mit der Frage: »Ich kann an nichts glauben. Aber ich möchte auch jene innere Gewissheit und Sicherheit haben wie ein Katholik. Wie kann ich zu solcher Gewissheit kommen?«

> Pascal antwortete ihm: »Tu einfach so als ob. Verhalte dich so wie die Menschen, deren innere Einstellung du dir wünschst.«

Das unserem neuen Denken und Wahrnehmen entsprechende Handeln kann ruhig erst einmal ein Probehandeln sein. Wissenschaftler nennen das »Experiment« und zeitigen damit gute Ergebnisse, von denen wir alle profitieren.

36 VERBUNDENHEIT MIT ALLEM, WAS IST

Tatsächlich haben wir alle vor unserer Geburt die Erfahrung des Einsseins und der Verbundenheit mit ALLEM WAS IST gemacht. Nur haben wir sie mit der Geburt und danach mehr oder weniger vergessen (wie Platon meinte) oder ins Unterbewusstsein verdrängt (wie Freud es ausdrückte) und uns an vordergründige Dinge und Personen gebunden. Nun fangen wir an, diese vergessene Wirklichkeit zunächst einmal nur zu rezitieren, zu denken und uns wieder »einzubilden«. Wenn du das ganz ausführlich bedenken, üben und erfahren willst, empfehle ich dir das Buch von Joe Dispenza: *Du bist das Placebo.*

> Zunächst rezitiere – wie in einem festlichen Ritual – eine Erfahrung, die du vielleicht einmal gemacht hast oder bei jemandem anderen glaubwürdig miterlebt hast, als Ich-bin-Satz.
>
> In dieser Übung folgt nach der Rezitationsphase meist sehr bald ein gutes Gefühl, ein Spürbewusstsein als Erinnerung

an diese umfassende Wirklichkeit. Sie bleibt eine Zeit lang fremd, ungewohnt, neu und unglaublich, ein entferntes Wunder. Aber dieses wunderbare Wohlgefühl ist so überzeugend, dass es allmählich deinen ganzen Körper ergreift. Für diese »Gefühle« – eigentlich sind es Bewusstseinszustände – gibt es nur unzureichende Worte: Stille, Freude, grenzenlose Weite, Fließen, Getragen sein, Frieden, Liebe, Mitgefühl usw. [37]

Worte, Vertikalsätze oder ganze Rituale sind nicht diese andere Wirklichkeit, aber sie erinnern uns an sie. Und sie bringen uns mehr und mehr in Resonanz mit der Unendlichkeit.

Auch kirchliche Rituale sind ursprünglich als Erinnerung gedacht: Erinnerung an die Liebe Gottes, an die Vergebung, an die Überwindung von Schuld und Tod durch den im Menschlichen verkörperten göttlichen Geist. Natürlich bringt das mechanische Herunterbeten allein, ohne Beteiligung des Herzens, keinen lebendigen Wandel hervor. Im Gegenteil, es untermauert das Vergessen und verlängert unsere Heimatlosigkeit. »Erinnerung ist das Geheimnis der Erlösung, Vergessen verlängert das Exil«, so steht es über dem Jerusalemer Mahnmal für den Holocaust. Du musst den Wandel wählen, du musst das Neue »beabsichtigen«, wie es in den indianischen Traditionen heißt.

Es ist wie das Ja-Wort bei der Trauung. Du freust dich auf das, was kommt, aber du hast keine Ahnung.

37 EIN ALLTAGS-RITUAL

Wenn du dich also zum Beispiel für den Vertikalsatz: »Ich bin gesund« entschieden hast, dann entwickle dazu ein Alltagsritual von zwei bis drei Minuten jeden Morgen beim Aufstehen oder abends beim Niederlegen. Führe es 14 Tage lang jeden Tag einmal durch. Es wird deine Gesamthaltung auf allen Sinneskanälen verändern.

Am besten begleitet dich dein Freund/deine Freundin bei der Entwicklung dieses Rituals. Bitte mache mit ihm/ihr auch ein Treffen oder Telefongespräch aus, in dem ihr euch gegenseitig fragt, ob das Ritual noch weitere 14 Tage unverändert oder verändert fortgesetzt werden soll. Spätestens nach einem Mondzyklus von vier Wochen sollte eine Wirkung spürbar sein.

Bitte verwechsle nicht die Wirkung mit der gewohnten horizontalen Ursache-Wirkung-Erwartung! Das vertikale Geschehen, der Einbruch des Wunders, geschieht immer in Präsenz und ist überraschend und neu. Es entsteht nicht als Wirkung deines Bemühens.

Ich verwende für die notwendigen körperlichen Verankerungsschritte das Merkwort VAKOG.

VAKOG-Verankerungsschritte (Beispiele):

Visuelle Verankerung:

- Ein Bild deines Körpers in gesundem Zustand;
- eine Farbe, die du mit Gesundheit und Lebenskraft verbindest;
- eine visuelle Erinnerung aus einer Zeit, in der du gesund warst;
- auch das Bild eines anderen gesunden Menschen kann dir vorschweben, zum Beispiel das Menschenbild von Leonardo Da Vinci.

Akustische Verankerung:

- Ein Vertikalsatz, mit dem du die neue Wirklichkeit rezitierst, anrufst, erinnerst. Er muss unglaublich (du musst nicht daran glauben) und möglichst herausfordernd vertikal auf deinem alten Denkmuster stehen.
- Schöne Musik oder Naturgeräusche wie Vogelgezwitscher oder Meereswellen, wie du sie im Gehör hast; du kannst sie auch die ersten zwei bis drei Mal abspielen. Du weißt, deine rechte Hirnhälfte steht auf so etwas. Sie sollte unbedingt miteinbezogen werden.

Kinästhetische Verankerung:

- Du entscheidest dich für eine passende Körperhaltung, stehend, sitzend oder liegend,
- und für eine entsprechende Geste oder Berührung mit den Händen.

Olfaktorische Verankerung:

- Gerüche oder Düfte aus der Erinnerung, möglichst aus der Kindheit, aus einer Zeit, in der es dir gut ging.

Gustatorische Verankerung:

- Ein Geschmack – vielleicht auch einer, der dir als Kind in guten Zeiten geschmeckt hat.

Über deine Sinne wird der ganze Körper angesprochen und zu neuen synaptischen Verknüpfungen angeregt. Für eine anhaltende

Wirkung und Umprogrammierung der Gehirnstruktur kommt es daher auf Gleichzeitigkeit und Wiederholung an, denn nur »Neuronen, die zusammen aktiviert werden, vernetzen sich.«[38] Die Übung beinhaltet also Denken, Wahrnehmen und Fühlen gleichzeitig auf allen Sinneskanälen. Sie sollte 28 Tage lang täglich einmal wiederholt werden, also einen Monatszyklus umfassen.

Es ist ein Ritual, keine anstrengende Übung! Sobald sich Anstrengung oder Stress einstellt und die Freude verloren geht, hat es sich der Muss-Struktur unseres alten linearen Denkens angepasst. Die transpersonalen Gefühle, von denen ich oben gesprochen habe – Freude, Stille, Humor, Weite oder Kraft – entstehen nur in der Vertikalen, nur beim Feiern und beim Auspacken der Geschenke des Himmels.

Entwirf mit dem Ritual dein *eigenes tägliches Freudenfest!* Mache es zum Beispiel einmal in der Woche nicht, oder erlaube dir, jedes Mal eine Kleinigkeit zu variieren. Sei neugierig, wie sich der Vertikalsatz heute anfühlt. Das Ritual scheint vielleicht im Anfang künstlich und abgehoben zu sein, aber in Wahrheit geht es dabei um unsere eigentliche Wirklichkeit, denn tatsächlich ist das Leben in jedem Augenblick neu. Und so erkennen und erfahren wir allmählich das wahre Wesen des Lebens selbst, die eigentliche Realität.

Alte Programme und Strategien werden im Nachhinein durchschaubar. Denn: »Wer sich selbst loslässt, der wird sich gewinnen«, sagt Jesus (Mt 16,25). Unglaublich, nicht wahr? Auch für diesen Prozess gibt es ein wunderbares (konstruktivistisches) Übungsbuch, den *Kurs in Wundern*[39].

38 HINGABE: LOSLASSEN EIGENER KONZEPTE UND STRATEGIEN

Bei diesem ganzen Prozess war es für dich vielleicht schmerzhaft, deine gut gemeinten Anstrengungen, deine geglaubten und vielfach bestätigten Denkstrategien, deine gewohnten Gefühle und neurotisch verkörperten Strukturen aufzugeben und als Irrtum und überflüssig zu entlarven. Vielleicht hat es auch deinen narzisstischen Stolz verletzt. Wenn man Schmerzen für normal hält, wird man manchmal sogar das Aufgeben von Schmerzen als Enttäuschung erleben. So weit kann das gehen, was Jesus als »Unglauben« und Buddha als »Illusion« bezeichnet hat. Verkehrte Welt – und sie wird dadurch nicht wahr, dass sie von einer Mehrheit geglaubt wird.

Marshall Rosenberg, Theoretiker und Praktiker der »Gewaltfreien Kommunikation«, beschreibt den Irrtum der verkehrten Welt als Gewalt. Er unterscheidet zwischen den tiefen Bedürfnissen des Menschen wie Anerkennung, Liebe, Gemeinschaft, Freiheit und Frieden und den verschiedenen Anstrengungen und Strategien, mit denen wir glauben, dahin kommen zu müssen. Über die »Grundbedürfnisse«, die göttliche Erbschaft – Gemeinschaft, Freiheit, Frieden und Gleichheit –, sind sich alle Menschen einig. Wir bezeichnen sie als Menschenrechte. Aber nur eine Minderheit der Menschheit hält sie für wirklich. Die große Mehrheit in allen politischen und religiösen Lagern ist sich einig darüber, dass wir sie erst durchsetzen müssen. Und über die Strategien, wie denn die Liebe, die Freiheit und Gleichheit durchzusetzen wären, darüber streiten sie sich bis aufs Blut. Terroristen und westliche Regierungen streben beide nach Freiheit und Gleichheit, aber wie die Menschheit dahin kommen soll, darüber sind sie sich äußerst uneinig. Ironischerweise verfallen beide Seiten immer wieder auf das gleiche Mittel: Gewalt. Auch in unseren Familien wollen oft alle das Gleiche, mehr Liebe, Berührung und Freude, aber mit dem Festhalten an den für »richtig« gehaltenen Strategien vergessen wir nur allzu oft, worum es eigentlich geht, und tun genau das Gegenteil. Die Gewalt auf beiden Seiten ist ein hilfloser Ausdruck eines grundlegenden Irrtums, nämlich des Vergessens unserer Gottes-Kindschaft, unserer eigentlichen Zugehörigkeit zum Verbund des Lebens.

39 ERINNERE DICH AN DEINE TIEFSTEN WÜNSCHE – VERGESSEN VERLÄNGERT DAS EXIL

Erinnere dich an deine Herzenswünsche, werde eins mit ihnen und feiere in Dankbarkeit ihre Erfüllung. Erwarte mit Gewissheit, dass dir gegeben wird, worum du gebeten hast. »Still sein und warten«, wie der Prophet Jesaja sagt (Jes 66,12–14). Warte auf die Geschenke, die das Leben dir bringt, ohne dich einzumischen. Die Stille, die Meditation ist der Grundton für jede Erneuerung und Befreiung, die nachhaltig und machtvoll sein soll. Meine Kollegin und liebe Freundin Greta Adolf-Wiesner drückt diese himmlische Logik in ihrer gewohnten Prägnanz so aus: »Bitte – Danke – und es geschieht.«

Welche wunderbaren Erfahrungen könntest du dir wünschen? Wo lohnt es sich, die Widerstände zu identifizieren und zu distanzieren? Was kannst du der Allmacht anvertrauen und ihr verdanken?

Unterstreiche, was du dir (vielleicht schon als Kind) immer schon gewünscht hast:

Anerkennung – Aufrichtigkeit – Austausch – Autonomie– Balance von Geben und Nehmen – Begeisterung – Berührung –

Entspannung – Entwicklung – Feiern – Freiheit – Geborgenheit – Gleichwertigkeit – Gesehen und Gehört werden – Ernst genommen werden – Humor –– Klarheit – Lebensfreude – Liebe– Mitgefühl – Nähe – Offenheit – Orientierung– Respekt– Selbstbestimmung – Selbstmächtigkeit – Sicherheit – Sinn (etwas Sinnvolles beitragen) – Unterstützung – Verbundenheit – Vertrauen– Wachstum – Wahrnehmen und wahrgenommen werden – Wertschätzung – Kontakt – Zugehörigkeit.

Welcher dieser Begriffe bringt dein Herz dazu, höher zu schlagen? Wo kamen dir beim Lesen Tränen in die Augen? Bei welchem Wort atmest du tiefer ein und aus? Wie wäre es, wenn du einfach glauben würdest, dass Gott, der Himmel oder deine innere Quelle, das SELBST, genau das in dir schon erschaffen hat und du nur den »Kopf« zu wenden brauchst – Metanoia – um das Wunder zu sehen? Du wirst aus der Sicht einiger Menschen allerdings als verrückt oder verdreht erscheinen. Paulus beschreibt das sehr persönlich im zweiten Brief an die Korinther:

> » *Gott aber kennt uns durch und durch. Ich hoffe, ... dass ihr denen entgegentreten könnt, die sich selbst nur positiv darstellen, um ihr Gesicht zu wahren, ihr Herz aber nicht zeigen dürfen. Wenn wir nämlich verrückt geworden sind, so geschah das für Gott; (und wenn wir besonnen erscheinen, tun wir das für euch.) ... Von nun an können wir nichts mehr vom gewöhnlichen Blickpunkt aus betrachten. .... Lebt jemand im Christusgeist, so ist er eine neue Kreatur; das Alte ist vergangen, siehe, alles ist neu geworden!* «
> *(2. Kor 5,17)*

Das Thema dieses Kapitels, die vollständige Hingabe, wird nun zum Einswerden mit dem Leben, wie es in jedem Augenblick erscheint. Du brauchst dich nicht mehr um das Wie zu kümmern, zum Beispiel wie sich deine Gesundheit einstellt, wenn du darum gebeten hast. Gott wird dir nicht einen Stein geben, wenn du um ein Brot gebeten hast, sagt Jesus in seiner berühmten Bergpredigt:

»Bittet, und es wird euch gegeben werden; sucht, und ihr werdet finden; klopft an, und es wird euch aufgetan werden. Denn jeder Bittende empfängt, und der Suchende findet, und dem Anklopfenden wird aufgetan werden. Oder welcher Mensch ist unter euch, der, wenn sein Sohn ihn um ein Brot bittet, ihm einen Stein geben wird? Und wenn er um einen Fisch bittet, wird er ihm eine Schlange geben? Wenn nun ihr, die ihr arg seid, euren Kindern gute Gaben zu geben wisst, wie viel mehr wird euer Vater im Himmel Gutes geben denen, die ihn bitten!« (Mt 7,7–11)

Verlass dich darauf. »Wir sind bereits Kinder Gottes«, sagt Johannes (Joh 1,2), und wir waren es schon immer.

Mit Gewissheit erwarten wir wie ein Kind zu Weihnachten, dass uns gegeben wird, worum wir gebeten haben, noch bevor wir es formuliert haben.[40] Wenn man auch nur ein einziges Mal die Erfahrung der Kindschaft Gottes gemacht hat, hat man nicht nur die Schönheit dieses Weges erkannt und gespürt, sondern auch seine Einfachheit, Leichtigkeit und seine unwiderstehliche Logik. Wenn du erst einmal einen einzigen fehlerhaften Zirkelschluss aufgebrochen und durchschaut hast, hast du die Tür geöffnet für ein Leben in Weite, Offenheit und Liebe. Die Metanoia, die Umkehr, die Erkenntnis der eigentlichen Wirklichkeit (das ist »Gottes-Kindschaft«) hat begonnen und ist nicht mehr rückgängig zu machen. Erschrecke nicht, oder vielmehr: Sei auf diesen Schrecken vorbereitet. Es ist, wie wenn man in einen mühsam aufgebauten Staudamm ein Loch reißt. Die Kraft des aufgestauten Wassers wird den ganzen Staudamm beseitigen, und der Fluss des Lebens wird wieder strömen und fließen wie eh und je.

Du kommst in Berührung mit der Quelle des Seins, mit der Allmacht und der All-Liebe. Und du wirst hingerissen sein und erzittern. Und es wird dir klar werden, dass du dein ganzes altes Denken, Fühlen und Handeln allmählich aufgeben wirst, um mehr von diesen kostbaren und köstlichen Geschenken zu bekommen und sie zu genießen.

In dem Gleichnis vom Schatz im Acker vergleicht Jesus einen Menschen, der die Erfahrung des Himmels auf Erden gemacht hat, mit einem Mann, der einen Schatz in einem Acker findet. Er verkauft alles. was er hat, kauft den Acker und gräbt den Schatz aus (Mt 13,44).

Du bist dabei, ein neues Ich in einem neuen Leben zu erschaffen. Momente von Verwirrung, Unsicherheit und großer Leere wird es geben, wo du dich nach dem »guten alten Schlechten« sehnen wirst: nach der Vorhersehbarkeit der Zirkelschlüsse und der trügerischen Ruhe verdrängter, aufgestauter Energien oder der fraglosen Hingabe an die Glaubenssätze der Mehrheit. »Die dunkle Nacht der Seele« haben das die Mystiker, die Heiligen und die Querdenker aller Zeiten genannt. Ein Osterlied des großen protestantischen Lied-Dichters Paul Gerhardt, das ich als Kind sehr geliebt habe, kommt mir in den Sinn:

> »Auf, auf, mein Herz, mit Freuden,
> Nimm wahr, was heut' geschieht!
> Wie kommt nach großem Leiden
> Nun ein so großes Licht ...
> Er reißt uns durch den Tod,
> durch Welt, durch Sünd' und Not,
> Er reißt uns durch die Höll',
> ich bin stets sein Gesell.«

Manchmal wirst du denken, dass du ganz alleine bist. Aber das stimmt nicht. Wenn du dich der großen Leere ganz hingeben hast, erfährst du unmittelbar das unendliche Potenzial und die schöpferische Kraft des »ICH BIN«. Und du wirst staunen, wie diese andere Welt deine Wünsche, Träume und Visionen längst schon in Wirklichkeit verwandelt hat. Jesus sprach:

> » *Wer sucht, soll nicht aufhören zu suchen, bis er findet; und wenn er findet, wird er erschrocken sein; und nachdem er erschrocken ist, wird er sich wundern und herrschen über das All.* « *(ThomEv, Lg 2)*

Durch tägliche Meditation hast du Geschmack gefunden an der Leere-Fülle der Unendlichkeit. Und mit der Absichtserklärung des Ich-bin-Satzes hast du dich der Allmacht Gottes hingegeben. Deine

Wünsche sind ihm klar! Nun brauchst du nichts mehr zu tun. Gib dich dem Nichts hin und der Schöpferkraft aus dem Nichts. Das »Handeln durch Nichthandeln«, wie Laotse es genannt hat, ist der wirksamste und zeitgemäßeste Einsatz für die krisengeschüttelte Erde. Der moderne Mystiker Richard Rohr nennt genau das »Gebet«. Und die Bewusstseinsforscherin Susanne Cook-Greuter beschreibt das als die nächste Bewusstseinsstufe der Menschheit, die das systemische Bewusstsein überschreitet und integriert. Aus der Sicht des rationalen Denkens, so schreibt sie, erscheint die integrale Art der Einflussnahme als lahm und verantwortungslos. Wundere dich also nicht, wenn du für verrückt erklärt oder als verantwortungslos beschimpft wirst, weil du an eine neue Erde glaubst, die nicht kontinuierlich, sondern aus vielen kleinen und großen Wundern vertikal aus dem Alten aufbricht.

40 WIE DAS NEUE DENKEN DEN ALLTAG AUFHELLT

Dieser Abschnitt handelt davon, wie »vertikales Denken« zum alltäglichen (»normalen«) Denken wird. Davon, wie deine neue Sichtweise zu einer Haltung wird. Was passiert ist (Metanoia), ist ein radikaler Wahrnehmungsschub, wie ein Polsprung oder eine Schubumkehr. Nun wird die Vertikale, die spirituelle (Nagual-)Achse der ständigen Präsenz, zu deiner »normalen« Wahrnehmung der Welt und deiner selbst. Das lineare (Newtonsche) Denken und Wahrnehmen in anschaulichen Begriffen von Zeit und Raum ist als gedankliche Konstruktion durchschaut worden und dient nun nurmehr als Gedankenspiel oder als Science-Fiction-Modell, d. h. als durchaus nützliches Werkzeug für unseren Alltag.

Umkehrung (auch Bekehrung, Erleuchtung, Erwachen, Erweckung usw.) beginnt oft mit einem spektakulären Ereignis. Manche erleben es wie ein Überflutet-Werden, wie ein Ertrinken, als ob man vom Pferd stürzt, aus dem Sattel gehoben wird, in einen Abgrund fällt. Man fühlt sich überwältigt, verwirrt und gleichzeitig völlig erkannt, aufgehoben, in die Höhe geschleudert usw.

Ich habe diese Berichte in der Bibel und später im Buddhismus mit Schaudern und Ehrfurcht gelesen und nicht gewusst, ob ich mir so etwas überhaupt wünschen solle, oder ob ich froh sein kann, wenn mir solche Schübe oder Tritte in den Hintern erspart bleiben. Inzwischen glaube ich, dass immer beides geschieht: krisenhafte Schübe und allmähliche Entwicklung. Ich kann in meiner Geschichte beides wiederfinden und könnte die Episoden meiner Geschichte so oder so darstellen. Anders ausgedrückt: Jede Erleuchtung, jede Offenbarung, jede neue synaptische Verbindung in unserem Hirn ist vorerst einmal neu und wird mehr oder weniger als Glück oder Schock erlebt. Dann ist es unsere Entscheidung, ob wir sie vergessen und ins Reich der Fantasien und Spinnereien geben wollen oder ob wir sie als einen wertvollen Fund oder Schatz betrachten: einen Schatz, den wir ausgraben, vertiefen, üben und feiern wollen, damit die neue Sichtweise unser Leben mehr und mehr durchdringt und uns mit Freude und Leichtigkeit erfüllt. Jesus nennt diesen Zustand Vollkommenheit.[41]

Der Empfang des neuen Geistes mag plötzlich geschehen und wie einmalig erscheinen. Aber dann geht die Lehre und Anwendung des NEUEN erst richtig los: »Der Geist wird euch alles lehren und euch an alles erinnern, was ich euch gelehrt habe«, sagt Jesus (Joh 14,26). Was nun entsteht, ist ein übergreifendes Zeugenbewusstsein des Sehens und Mitgefühls zu allem, was geschieht, ohne sich mit irgendeinem Interesse einzumischen, es ist bedingungslose Liebe.

Paulus beschreibt das sinngemäß so:

> »*Der Geist, den ihr empfangen habt, und euer eigener Geist bezeugen gemeinsam, dass ihr ein Teil Gottes seid und Gott ein Teil von euch ist*« *(Röm 8,14–16).*

Richard Rohr sagt, diese Verschiebung der Wahrnehmung verändere die Gesamtsituation in einem Ausmaß, die man sich zunächst nicht ausmalen kann. Jetzt ist nicht mehr viel Raum übrig für mechanisches Agieren, Fanatismus, inszenierte Begeisterung oder Depression.[42] Allmählich kann ich alles wahrnehmen, ohne mich zu identifizieren, und dadurch sogar mehr hingehen und hinschauen. Und froh kann ich sein, wenn sich das alles auch allmählich entfaltet. Nach dem Blitzschlag kommt die Erleuchtung. Unsere »Seele« war schon immer in dieser Wirklichkeit zu Hause, unser »Geist« wird durch das NEUE völlig überrascht und im Nu umgekrempelt, unser materieller »Körper« (Nervensystem, Zellstruktur usw.) braucht Zeit.

In diesem Prozess wird das Ich-bin-Gefühl nach einem ungewöhnlichen Ereignis (das ich mir in Ritualen in Erinnerung rufen muss) zu einem ständigen Seinszustand. Die Wunder werden das Normale, und Dankbarkeit und Freude werden unser Grundgefühl. Du wirst vielleicht für verrückt gehalten, aber du weißt, dass es umgekehrt ist. Unser Geist und der universale Geist sind sich einig: *Wir sind eins mit Gott, und Gott ist eins mit uns.* Du brauchst niemanden zu bekehren. Das Wissen um die eigentliche Tiefenstruktur der Welt wird sich früher oder später durchsetzen. Es liegt ja schon so auf der Hand, man braucht nur die Augen zu öffnen! Du brauchst keinen Finger zu krümmen für die Rettung der Welt. Die Welt ist bereits gerettet, und das wird auch noch sichtbar werden! Alles andere ist Irrtum oder Illusion.

> Ein junger Zen-Mönch fragte seinen Meister: »Meister, ich sehe, wie schlecht es um unsere Welt bestellt ist, und mache mir Sorgen. Bitte sag mir: Was kann ich tun, um die Welt zu retten?« Der Meister antwortete: »So viel, wie du dazu beitragen kannst, dass morgens die Sonne aufgeht.« »Aber was nützen dann all meine guten Taten und mein ganzes Engagement?«, fragte der junge Mönch ganz enttäuscht. Darauf erwiderte der Meister: »Dein Engagement hat dir geholfen, wach und sehend zu sein, wenn die Sonne aufgeht.«

41 DIE KRAFT DER STILLE

Nimm dir etwas Zeit, schließe die Augen und werde ruhig. Ignoriere jeden faktischen Beweis, der dem Ich-bin-Satz widerspricht. Schicke alle Mangelgedanken in die Reha-Klinik. Erlaube dem »wünschen, müssen, sollen, würden, könnten« auszuklingen. Tu nichts, sei still! Bewertungen, Erwartungen, Konzepte dürfen sich auflösen, auch alles Wissen, alle Meinungen und Definitionen.

Wie tust du das? Du tust gar nichts. Hör auf, irgendetwas zu tun. Dein Bewusstsein ruht im Nichts, im unendlichen, ewigen, Zeit- und Raum-überschreitenden Christus-Geist. Du musst nicht an Jesus Christus glauben, der Christus- oder Buddha-Geist überschreitet auch sich selbst, er selbst ist das Überschreiten! Wir werden vollkommen sein, wie unser Vater im Himmel vollkommen ist, kündigt Jesus an und fügt hinzu, dass wir größere Wunder vollbringen werden als er (Joh 14,12).

Es ist wie ein entspanntes Empfangen deiner neuen Version von ICH-BIN. Das Himmelreich, in dem du Kind bist, ist bereits verfügbar und da!

Du brauchst dafür keine Willenskraft. Du stellst dir nichts vor, visualisierst nichts, tust gar nichts. Deine Kindschaft existiert bereits in der tieferen, alles durchdringenden Wirklichkeit Gottes. So wirst du dir allmählich einer Wirklichkeit bewusst, die bereits im Feld aller Möglichkeiten existiert.

Erinnere dich an die Movie-Übung[43]. Betrachte die neue Version von dir eine Weile wie von außen und dann auch von innen, d. h. betritt das Energiefeld dieser von dir »eingebildeten« Person und erlebe dich in dieser (Himmelreich-) Version mit allen Sinnen. Erlebe es nicht nur mental, sondern berühre es, empfinde es mit dem ganzen Körper, fühle es! Du tust das nicht, um irgendeine Realität zu manifestieren, sondern um Freude daran zu erfahren. Verweile darin einige Minuten, bevor du die Augen öffnest.

Auch in den kommenden Tagen und Wochen ist nichts zu tun außer zu feiern (singen, tanzen, spielen, erzählen). Mit jedem solchen Ritual feierst du die unverbrüchliche Befreiung, Liebe, Verbundenheit und Freiheit in der neuen Existenz! Alle Rituale dieser Art sind Freudenfeste, zunächst zur Erinnerung an große Ereignisse, an wichtige Übergänge, an wunderbare Befreiungen, Erweiterungen und Vertiefungen des Lebens! Und allmählich verblasst die Erinnerung gegenüber dem größeren und immer strahlender werdenden Wunder der Gegenwart.

Erinnern wir uns auch gegenseitig daran! Gemeinschaften sind dazu da, uns gegenseitig in dieser neuen Existenz zu stärken und verschiedene Ausdrucksformen für die laufend geschehenden Wunder zu finden: Lieder, Tänze, Reden, Gedichte, Malen, Aufstellen usw. Aus der neuen Existenz entsteht Kunst, ästhetische Performance, denn das Wunder kann man nicht rational verstehen oder logisch nachvollziehen: Es ist ja ein Sprung in die vollkommen andere Dimension der Freiheit. Das kann man nur symbolisieren: tanzen, spielen, verkörpern, besingen, malen und dichten.

Jetzt kann ich es dir ja verraten: Du bist mit diesem einen Schritt der Umkehr bereits vollkommen über dem Berg, über alle Berge!

Du hast vielleicht gedacht – und ich habe diesem Gedanken nicht ausdrücklich widersprochen –, dass du beispielhaft ein negatives Muster durchbrechen musst und dass dann für alle hundert oder tausend weiteren klebrigen Egostrukturen mühsame lebenslange Umstellungsprozesse folgen müssen, also eine Anhaftung und Identität nach der anderen losgelassen werden muss. Aber bei einem Paradigmenwechsel ist das nicht so. Ist einmal *ein* Teufelskreis aufgebrochen, *ein* Glaubenssatz als Irrtum entlarvt, so sind *alle* entlarvt und aufgebrochen. »Ist jemand in Christus [d. h. im neuen Paradigma], so ist er eine neue Kreatur; das Alte ist vergangen, siehe, alles ist neu geworden!« (2. Kor.5,17) Keiner der »Irrtümer«, keine der »Sünden« kann sich mehr auf Dauer als wirklich überzeugend darstellen. Logisch: Ist ein Naturgesetz ein einziges Mal durchbrochen (die Wissenschaftler sagen »falsifiziert«), so ist es kein Gesetz mehr, bestenfalls eine Regel, die in bestimmten Kontexten oder Ebenen noch Gültigkeit hat, oder auch einfach ein irrtümlicher und veralteter Glaubenssatz, der bestimmten Gruppen, Schichten oder Machthabern Vorteile gebracht hat.

Es gibt dabei auch noch eine zeitliche Komponente. Nämlich die, dass es uns erst allmählich bewusst wird, bis wir die alten Irrtümer immer leichter durchschauen und schließlich darüber lachen können. Wie Kinder, die alles als großes Spiel ansehen, so sehen wir dann die Welt als großes Schöpfungsspiel, in dem sich »Gott« oder das GANZE durch uns immer mehr bewusst wird.

> » *Ihr Lieben, wir sind bereits Kinder Gottes. Aber was wir am Ende sein werden, ist noch nicht sichtbar. Wir wissen aber, dass wir ihm gleichen werden …* « *(1. Joh1,2)*

Was nun geschehen wird (das Sichtbar-, Offenbar- und Bewusstwerden unserer göttlichen Natur), könnte man folgendermaßen beschreiben: Wir finden uns immer mehr und immer wieder in der Unendlichkeit, in der Weite, Tiefe, Leere und Fülle wieder, ohne etwas begründen oder auf etwas zurückgreifen zu müssen. Alle Dinge, Formen und Konzepte, auf die wir uns bezogen haben, die ganze Schöpfung ist verschwunden – sie war nur Schöpfung,

Konstruktion, Leiter auf dem Weg ins Gewahrsein der raum- und zeitlosen Unendlichkeit. Je mehr du diesen raumlosen Raum betrittst, desto mehr wirst du die materielle Welt, die Schöpfung, zu schätzen wissen. Und je mehr du sie zu schätzen weißt, desto leichter wirst du dir der Widerstände gewahr sein. Wie Trübungen, Schatten, Knoten oder Dumpfheiten tauchen sie in der Klarheit des reinen und gegenstandslosen Bewusstseins auf. Du »weißt« (dies ist ein Wissen des Spürbewusstseins, dass man genausogut Nicht-Wissen nennen könnte), dass Dumpfheit und Ängste nicht zur Klarheit des reinen Bewusstseins gehören. Du beobachtest diese Gegen-Stände, bis sie sich auflösen oder integrieren, ohne irgendetwas zu tun, ohne dich damit zu identifizieren oder sie zu bekämpfen.

Lass es ins Bewusstsein kommen. Manchmal wird es eine Form annehmen, manchmal nicht. Manchmal als Störung auftauchen, oder als Unruhe, Finsternis oder Langeweile. Oder als betäubende suchtartige Versuchungen. Lass es sozusagen in der Peripherie deines Bewusstseins auftauchen und sich verwandeln, ohne es begreifen oder festhalten zu wollen. Alles, was nicht Freude, Einfachheit und Wahrheit ist, wird transformiert, bis es diesen Kriterien entspricht. Das ist die »Arbeit«, die uns noch bleibt. Woran erkennst du, dass du in dieser Sphäre bist? Wie fühlt sich dieses Nichts, diese Klarheit an? Sorglos und leicht! Das sind die Kriterien dieser Geisteshaltung der »Kinder Gottes«.

Der Heilige Geist weht, wo er will. Wir können ihn nicht sehen oder begreifen. Er ist überall und nirgends und immer schon darüber hinaus. Aber wir sehen und spüren seine Wirkungen.

Ich hatte einmal einen Traum, der das wunderschön ausdrückt:

> Ich hielt ein großes Tuch an meiner hoch ausgestreckten Hand in den Wind und bewegte mich selbst dabei tanzend, sodass die Bewegungen des Tuches gleichzeitig Auswirkungen des Windes und meines Tanzes waren. Dabei empfand ich große Freude. Das Tuch konnten alle sehen.

Das war der Traum. Heute denke ich noch: Kein vernünftiges Wesen wird die Bewegungen des Tuches nur auf den Wind oder nur auf die eigenen Bewegungen zurückführen, und erst recht niemand wird das Tuch für das einzige halten, was es gibt. Der Träumer und der Tanzende, der Wind, das Tuch und die Freude, das alles ist der immer neue Geist.

Hinzu kommt noch die Öffentlichkeit. Ich stand und bewegte mich aufrecht, weit und breit zu sehen. Was tun, wenn die Öffentlichkeit nicht kapiert? Du könntest dich in einen Clown oder Narren verwandeln und ganz tollpatschig versuchen, das Tuch zu fixieren oder ihm nachzuspringen, um es einzufangen oder seine Bewegungen irgendwie zu unterlaufen. Und dabei fällst du immer wieder auf die Nase. Der ganze Hofstaat lacht darüber, wie du immer wieder etwas festhalten willst, was sich nicht festhalten lässt. Und einige aus dem Hof kapieren sofort, andere erst am nächsten Morgen und wieder andere erst in ihrer Todesstunde.

> Ein Meister zeigte seinem Schüler einen Stock und sagte: Wenn du sagst, dass es diesen Stock gibt, werde ich dich damit schlagen. Wenn du sagst, dass es diesen Stock nicht gibt, schlage ich dich auch.« Der Schüler ergriff blitzschnell den Stock und entwand sich so der unentrinnbar erscheinenden Strafe. (Zen-Geschichte)

42 DIE KUNST DES LOSLASSENS: EINE ZUSAMMENFASSUNG

Der Weg aus der Gefangenschaft der Konditionierungen in die Freiheit eines kreativen Lebens kann in fünf Schritten zusammengefasst werden:

Erster Schritt: Erinnere dich an deine Herzenswünsche

Die meisten unserer Herzenswünsche haben wir zwar seit Kindertagen vergessen, aber sie waren immer da. Grabe deine Wünsche aus dem Geflecht der Konditionierungen aus. Frage dich ganz konkret: »Was will ich eigentlich?« Du kannst sie entweder aus dem Nebel deiner Sehnsucht extrahieren – das sind noch unfokussierte Wünsche – oder aus den Mangel-Vorstellungen ableiten: aus dem, was du nicht willst.

Hier sind ein paar Beispiele für Sehnsüchte und Tagträume, die sich unendlich fortsetzen, wiederholen und variieren lassen: »Ich will endlich einmal weit reisen, um neue Erfahrungen zu machen«, »Wann treffe ich endlich die Frau/den Mann meines Lebens?«

Und hier ganz beliebte Mangelvorstellungen: »Ich will auf keinen Fall ein trübsinniges Leben führen«, »Ich befürchte, krank zu werden«, »Ich bin so vergesslich, dass ich Angst habe, dement zu werden«.

Natürlich sind Sehnsüchte und Mangel-Ideen nur dann wirksam, wenn sie wiederholt in deinem Kopf auftauchen.

Zweiter Schritt: Konkretisiere und fokussiere deine Wünsche

Jetzt formulierst du einfach positiv, was du bisher nur negativ gedacht hast, und konkret, was du nur allgemein und unverbindlich überlegt hast. Und erst jetzt merkt dein Körper, dass es ernst wird. Im positiven Formulieren und Formatieren kommen gleich die Wenns und Abers hoch, die Glaubenssätze und Überzeugungen, Verbote und Moralvorstellungen der Familie und der Gesellschaft, die deine Wünsche abgeblockt, unterdrückt und vernebelt haben, sodass sie gar nicht erst in die Experimentierphase gelangt sind.

Hier ein paar Beispiele, wie deine Wünsche konkreter und deutlicher werden könnten: »Ich wünsche mir durchgehend Tag und Nacht Lebenslust und Freude«, »Ich will, dass mir immer alle Informationen zur Verfügung stehen, die ich brauche«, »Ich will dauerhaft körperliche Gesundheit, Kraft und Energie«, »Ich will die Erfahrung von Verbundenheit und Freiheit mit einem Partner/einer Partnerin machen«, »Ich will ein Segelboot mit Ankerplatz an der Adria!«, »Ich will jederzeit tiefen inneren Frieden erfahren können«, »Ich will eine Wohnung mit Garten!«

Sprich einen dieser Sätze, den du vielleicht für besonders frech hältst, laut aus und du merkst, wie dein ganzer Körper mit alten Überzeugungen protestiert: »Das steht mir nicht zu!«, »Das ist unmöglich«, »Das kann doch gar nicht funktionieren« usw. Mit Glaubenssätzen wie diesen haben wir vielleicht schon in der Kindheit unsere Wünsche eingestellt oder auf Hollywood-Leinwände projiziert und unsere Eltern beruhigt. Schreibe einen oder zwei dieser Sätze auf, an die du wirklich glaubst. Du wirst später damit arbeiten können.

Dritter Schritt: Unterscheide zwischen Herzenswünschen und Wünschen aus dem Ego

Egowünsche sind mit Anstrengung und Angst verbunden. Fast könnte man sagen, du willst mit Gewalt irgendwohin oder du willst unter allen Umständen von etwas weg. Egowünsche bekommen ihre Nahrung aus Polarisierungen im Kopf: Das Gute steht im Kontrast zum Bösen, die Freude im Kontrast zur Trauer, das Höhere zum Niederen, das Schöne zum Hässlichen, kurz: Himmel und Erde werden auseinandergerissen, obwohl sie zusammengehören, einander bedingen und einander ergänzen. Das Ego leugnet die Wirklichkeit der Verbundenheit, der Einheit und der Liebe, in der es kein Gegenteil und keinen Ausschluss gibt. Egoaktivitäten erfordern ständige Anstrengung, um die Dinge auseinanderzuhalten, die in Wirklichkeit zusammengehören. Und die meiste Anstrengung geschieht im Kopf, wo bekanntlich die meiste Energie verbraucht wird. Gedanken, Sorgen, Ängste und andere Bedenken sind solche ständig wiederholten Kopf-Aktivitäten. Natürlich bedeutet das auch eine Menge äußerer Anstrengungen!

Herzenswünsche oder revolutionäre Wünsche sind dagegen eindeutig, umfassend und entspringen der Sphäre zeitloser und unbegrenzter Wirklichkeit. Sie sind realistischer als Egowünsche, weil sie kein Gegenteil erzeugen. Man könnte sagen: Es ist das, was die »Allmacht« (das Feld aller Möglichkeiten) in dir will – das, worauf deine Seele, dein Selbst, deine ewige Essenz hinauswill.

Damit wird klar: Unser wahres Leben hat eine Richtung (die allerdings nicht in Kategorien von Raum und Zeit beschreibbar ist) –, nämlich die Richtung hin zu mehr Liebe und mehr Freiheit, mehr Weite, mehr Verbindung und Einschluss. Oder wie der Philosoph Heinz von Foerster gesagt hat: »Gut ist, was eine Zunahme von Wahl- und Handlungsmöglichkeiten erzeugt.«

Woran erkennen wir Herzenswünsche, wie können wir Herzenswünsche von Egowünschen unterscheiden? Da hilft uns unser Körper: Egowünsche sind immer mit Spannung, Anstrengung, Einengungen (wie Zähne zusammenbeißen) und Ängsten verbunden. Wir merken das lange Zeit gar nicht, weil wir es so gewohnt sind, oder erst, wenn schmerzhafte Symptome auftreten.

Bei der Formulierung und Formatierung von Herzenswünschen weitet sich der Körper, du atmest auf, du richtest dich auf und bewegst dich freier. Freude kommt auf und Lebenslust.

Zum Formatieren und Formulieren der Wünsche gehört also die Körperwahrnehmung. Es ist wie bei einem wissenschaftlichen Experiment: Ein Wunsch wird erst einmal als Theorie (Gedanke, Hypothese) angesehen und dann der materiellen Überprüfung unterzogen. Das ist der Vorgang der Verkörperung, oder um einen christlichen Begriff dieser göttlichen Erfindung zu gebrauchen: der Vorgang der »Inkarnation«.

Vierter Schritt: Verkörpern und Ausdrücken

Äußere also deine Wünsche, sprich sie einem Freund, einer Freundin gegenüber wirklich aus oder schreibe sie zumindest irgendwo auf, wo du sie ernst nimmst. Wenn du ganz mutig bist, lege Musik auf und tanze einen Wunsch. Male ihn, rufe ihn in den Wald. Finde irgendeine Form der Verkörperung.

Was dann passiert, haben wir schon angedeutet: Es kommen unweigerlich deine relevanten inneren Widerstände auf: unruhestiftende Zweifel und Ängste, typische Ablenkungen, einengende Verbote und Fixierungen, irrationale Süchte. Das ist das Beste, was deinem Wunsch passieren kann, sozusagen die Verkörperung des Bösen, all dessen, was der Verwirklichung deiner Wünsche bisher entgegenstand.

Typische Beispiele dafür sind: »Ich kann das nicht«, »Ich darf das nicht«, »Das ist unmöglich«, »Ich bin so schwach«, »Ich schäme mich«, »Ich bin selbst schuld«, »Ich muss immer« usw. Oft sind diese Glaubenssätze und Überzeugungen verallgemeinert, sodass die wahren Autoren verschleiert bleiben: »Man muss«, »Man darf nicht« usw.

Noch einmal: Formatiere deine Wünsche und auch ihre »Widersacher«: Sprich sie aus, schreibe sie auf, tanze, male sie, finde räumlich einen oder mehrere andere Plätze für die Wünsche und ihre Widersacher, Ablenkungen und Störungen. Wo gehört dies hin? Wo gehört jenes hin? Zur Mutter, zum Vater, zum Kollektiv? Finde den ursprünglichen Ort und auch die ursprüngliche Zeit in deinem Leben, wo dieses Hindernis, diese Wut, diese Angst, dieses Einfrieren oder dieses Ohnmachtsgefühl entstanden ist. Dadurch entschleierst und entdämonisierst du die Widerstände.

Fünfter Schritt: Wähle, was du willst, und lehne nicht ab, was du nicht willst.

Finde einen Ort für das »Gute« und einen Ort für das »Böse«. Wenn du beide Teile verkörperst, wirst du immer entdecken, dass sie zusammengehören. Das ist das Wesen aller Verkörperungsarbeit: Wir entdecken dabei, dass alle Polarisierungen, und wenn sie uns noch so sehr zerrissen haben, auf die Zusammengehörigkeit von zwei Polen hinweisen. Das Trennen, Auseinanderreißen, Polarisieren ist gar nichts Schlechtes, sondern ein nützliches Werkzeug, um Verbundenheit und Berührung tatsächlich zu erleben und zu erfahren. Deine beiden Hände hängen immer über die Arme und den Schultergürtel zusammen, aber wenn sie sich nicht in zwei Hände getrennt hätten, könnten sie sich nicht begegnen. Ohne Haut, das Organ unserer Getrenntheit, könnten wir weder Begegnung noch Berührung erleben.

Nach der Auswahl der Wünsche und der Integration der Widerstände und Zweifel erfolgt die freie Wahl eines Wunsches. Die Wahl ist wie das Abschießen eines Pfeiles auf ein Ziel. Es ist wie ein ernst gemeintes Gebet, bei dem ich meinen Wunsch dem »Himmel«, der universalen Intelligenz übergebe. Es ist Hingabe und Loslassen. Hände weg vom Ergebnis. Nicht mehr daran denken, denn das Wie liegt nun in den Händen des größeren Ganzen und seiner unerreichbaren Intelligenz. Unsere Aufgabe besteht nun nur noch im Tun des Nichttuns, wie Laotse das unermüdlich für den Erfolg (beim Regieren von Staaten oder anderen größeren Unternehmen) empfohlen hat. Stillsein (Jesaja) und sich nicht mehr um das kümmern, was dagegenspricht oder was dazwischenkommen könnte. Unbeirrbares Feiern des neuen Morgens mitten in der Nacht.

Wenn dich der »Widersacher« sehr plagt, beunruhigt oder schon lange ausgesaugt hat, kannst du eine Technik aus dem tibetischen

Buddhismus mit dem schönen Namen Den Dämonen Nahrung geben anwenden (nach dem gleichnamigen Buch der buddhistischen Lehrerin Tsültrim Allione): Du stellst dir diesen »Quälgeist« gegenüber auf einem Stuhl vor, gibst ihm irgendeine Gestalt, Größe, Farbe usw. und fragst ihn oder sie: »Was willst du von mir?« Dann setzt du dich auf den Platz des Monsters und antwortest auch wieder laut: »Was ich von dir will, ist ...!« Dann begibst du dich wieder auf den Selbst-Platz und fragst weiter: »Und was brauchst du von mir?« Auf dem Platz des Monsters antwortest du wörtlich: »Was ich von dir brauche, ist ...!« Dann wieder auf dem Selbst-Platz: »Und wie fühlst du dich, wenn du bekommst, was du brauchst?« Auf dem Platz gegenüber antwortest du: »Wenn ich bekomme, was ich brauche, fühle ich mich ...!« (Hier können Beschreibungen folgen wie: »Ich fühle mich dann großzügig«, »Ich fühle mich geliebt/anerkannt/freudig/lebendig/nützlich/energiegeladen« usw.)

Dann gehst du wieder auf den Selbst-Platz und gibst dem Wesen dir gegenüber vollständig und bedingungslos genau das, was es braucht. Und zwar mit allen Sinnen und Kanälen, derer du fähig bist. Tsültrim Allione drückt das sehr drastisch aus: Verwandle dich vollständig in einen Nektar mit den Eigenschaften des Gefühls, das der Dämon braucht, bis es vollkommen satt ist. Es hat sich wahrscheinlich inzwischen als dein verletztes inneres Kind herausgestellt.

Dieses Wesen wird sich dann zu einer symbolischen Vollkommenheit – in Leere oder Fülle – entwickeln und dir dies zeigen, sodass du es nun wieder in derselben Technik fragen kannst: »Willst du mein Verbündeter sein?« Wenn ja: »Wie wirst du mir helfen?« »Ich werde dir helfen, indem ich ...«; »Wie kann ich dich rufen?« »Du kannst mich rufen, indem du ...«

43 VOM ZWEIFEL ZUM GLAUBEN

Ich beschreibe nun den Prozess vom Zweifel zum Glauben, der sich voraussichtlich in dir vollziehen wird:

1. Zunächst erscheinen dir deine Wünsche frech und verrückt, unrealistisch und dumm.
2. Wenn du dabei bleibst, beginnst du Geschmack daran zu finden, noch ohne es wirklich glauben zu können. So etwas wie ein Spürbewusstsein entsteht. Logisches Verstehen ist noch nicht gefragt.
3. Dann kommt das, was Jesus und Paulus »Glauben« genannt haben. Der urchristliche Glaube ist kein rationales Für-wahr-Halten, sondern eine Art sinnliche Praxis, ein Schmecken, Riechen, Lauschen, Schauen und Be-greifen des Neuen. (Die Neurobiologie besteht darauf, dass die Neuerungen in biologischen Systemen auf diese Weise gebahnt werden können und müssen und dass die alten Bahnungen nur von selbst verschwinden, indem man sich nicht mehr um sie kümmert oder ihnen keine Aufmerksamkeit schenkt.)

4. Erst dann kommt ein inneres Wissen, die Gewissheit über die neue Wirklichkeit, die immer mit Freude, Tanz und Dankbarkeit einhergeht.
5. Krönung dieses Prozesses ist dann der künstlerische Ausdruck in Poesie, Weisheit, Kunst und tätigem Mitgefühl.

Das ist eine Kunst, vielleicht sogar die Kunst! Die Kunst des Loslassens, des Freiseins.

Da werden alle möglichen persönlichen und kollektiven Glaubenssätze ignoriert oder aktiv überschritten. Alte Überzeugungen, Glaubenssätze blitzen als Gedanken, Bilder oder Erinnerungen immer wieder auf, und du lächelst oder lachst darüber, welche Bedeutung du ihnen einmal gegeben hast. Und mit jeder Erinnerung erkennst du allmählich, dass du allen Dingen und Situationen die gesamte Bedeutung gegeben hast, die es je für dich hatte.[44]

Du lässt dich nicht mehr von Katastrophenstimmungen, Verschwörungstheorien oder linear-logischen Diagnosen ängstigen oder einwickeln. Sondern du bleibst unbeirrbar in Denken, Fühlen und Handeln im Feld der Verbundenheit und erkennst alle Unterscheidungen und Polarisierungen als nützliche Konstruktionen zum Bewusstmachen und zur Vertiefung unserer universalen Verbundenheit, wechselseitigen Abhängigkeit und Liebe. Diese Konstruktionen oder Illusionen dienen wie Leitern zum Erreichen neuer Ebenen. Stoß die Leiter um, meint der Philosoph Ludwig Wittgenstein, und geh weiter, oder lass sie einfach stehen und kümmere dich nicht weiter darum. Für jeden, der nachkommt, ist das Besteigen einer Leiter, die jemand anders stehen gelassen hat, keine Kunst mehr! (Das spricht für Wittgensteins Vorschlag, die Leiter hinter dir umzustoßen.)[45]

Es gibt im Universum nichts anderes als Verbundenheit und Freiheit!

Danksagung

Ich danke sehr meiner jetzigen Frau Sabine Tiefenbrunner für ihre Ehrlichkeit und all die liebevollen Provokationen zum Umdenken. Ich danke meiner zweiten Frau Christine Blumenstein-Essen für ihre große und andauernde Liebe, mit der sie mich aus vielen Denkstörungen gerettet und von meiner Arbeitssucht befreit hat (an der ich fast gestorben wäre). Ich danke meiner ersten Frau Esther Schmidt, dass sie mir Mut für die Befreiung aus Symbiose und Abhängigkeit gemacht hat. Last, not least, danke ich Greta Adolf-Wiesner für ihre unbestechliche Begleitung meiner persönlichen Entwicklung und der Entwicklung unserer gemeinsamen Bewusstseinsarbeit für alle Wesen. Dankbarkeit ist der Königsweg zur Quellenwahrheit unseres ökonomischen Seins.

Anmerkungen

1 Buddha (2002), 1. Vers 1–5.
2 Adler (1972), S. 397.
3 Zitiert nach Winiecki (2020); ein sehr spannendes Interview mit Martin Winiecki über das gegenwärtige Erwachen der Menschheit aus der Psychose von Konkurrenz, Angst und Krieg.
4 Bock, P. (2020b).
5 Siehe zum Beispiel Rumi (2008).
6 Rinpoche (2013), S. 77.
7 Das ist wahre Lebenskunst. Ich habe darüber ein Buch mit vielen Übungen und Anleitungen geschrieben. Es heißt Selbstliebe als Lebenskunst (2011). Dazu gibt es weitere Artikel und Vorträge auf meiner Homepage unter www.siegfriedessen.com [25.06.2021].
8 Hinweise auf gute, verständliche Bücher findest du im Literaturverzeichnis. Im Buch selbst nenne ich nur die Namen der Autoren, die ich empfehle. Für den Konstruktivismus: Paul Watzlawick, Heinz von Förster und Ernst von Glasersfeld. Für die neuere Hirnforschung: Rick Hanson, Joachim Bauer und Gerald Hüther.
9 Huizinga (1956), S.15.
10 Varela u. a. (1992); Fingerhut u. a. (2017).
11 Huizinga (1956), S.11.
12 Siehe dazu beispielsweise: Shah (2001).
13 Placebos sind Medikamente ohne Wirkstoffe, die jedoch aufgrund von Autosuggestion oder Vorstellungskraft trotzdem Heilung bewirken können.
14 Zum Beispiel Mt 9,22: »Da wandte sich Jesus um, sah die Frau und sprach: Sei getrost, dein Glaube hat dir geholfen. Und die Frau wurde gesund zu derselben Stunde.«
15 Tipping (2009), S. 204.
16 Rinpoche (1994), S. 50 f.
17 Gesetz der Resonanz (oder Anziehung): Es besagt, dass du die Geschehnisse anziehst, die deinem bewussten und unbewussten Wollen entsprechen. Vgl. Hicks (2008).
18 Essen (2003b).
19 Dazu empfehle ich ein Buch des Soziologen Hartmut Rosa: Rosa (2016).
20 Ich beziehe mich dabei vor allen Dingen auf diejenigen Forscher, die in ihren Büchern, Vorträgen und Videos einhellig auf die Notwendigkeit des Umdenkens, des inneren Paradigmenwechsels mithilfe von Selbstwahrnehmung, Meditation und Selbstliebe hinweisen. Sie lassen dabei nicht nur ihre persönlichen Erfahrungen und die Erkenntnistheorien von Buddhismus und Christentum einfließen, sondern führen auch eigene Studien zur sogenannten Neuroplastizität des Gehirns durch oder zitieren zahlreiche wissenschaftliche Studien. Besonders beeinflusst haben mich folgende Autoren: Joe Dispenza, Rick Hanson, Gerald Hüther und Tania Singer.
21 Ausführlich beschrieben in Essen (2011), S. 124 f.
22 Dieses Zitat wird Augustinus zugeschrieben, ist aber höchstwahrscheinlich nicht von ihm, da er sich an anderer Stelle als Tanzverächter geoutet hat.

23 Wenn du dazu etwas mehr lesen willst, dann das Buch von Ulrich Brand und Markus Wissen (2017).

24 Siehe dazu Flaming (1999).

25 Siehe dazu Macy (1994).

26 Siehe dazu Welzer (2013).

27 Verfügbar unter www.dankbar-leben.org [25.06.2021].

28 Satir (1976), S. 9.

29 Verfügbar unter www.siegfriedessen.com [25.06.2021].

30 Aus Bertolt Brechts Buckower Elegien, 1953; Brecht (2017).

31 Es gibt diese Meditation auch als Audio-Datei auf meiner Homepage unter http://www.siegfriedessen.com/ [25.06.2021] zum kostenlosen Herunterladen, sodass du sie von deinem Handy, Smartphone oder Computer abhören kannst. Natürlich kannst du sie auch mit deiner eigenen Stimme aufnehmen.

32 Heinz von Foerster formulierte den sogenannte ethischen Imperativ in Anlehnung an den kategorischen Imperativ von Immanuel Kant. Siehe dazu beispielsweise Foerster (1985).

33 Siehe dazu Varga von Kibéd u. Sparrer (2016) und Sölle (1965).

34 Siehe dazu Aldinger (2002).

35 Siehe dazu Dodson (2014).

36 Eine Technik aus der autopoietischen Aufstellungsarbeit, beschrieben in Essen (2011).

37 Dispenza (2014).

38 Zitiert nach Hanson (2012), S. 11. Weiter schreibt Hanson: »Dieser Spruch aus der Arbeit des Psychologen Donald Hepp bedeutet, dass aktive Synapsen – die Verbindungen zwischen den Neuronen – sensibler werden und dass neue Synapsen wachsen und dickere neuronale Schichten bilden.«

39 Schucman (1994).

40 Mt 6,8: »Euer Vater weiß, was ihr braucht, noch ehe ihr ihn bittet.«

41 Joh 15,1: »Dies habe ich euch gesagt, damit meine Freude in euch sei und damit eure Freude vollkommen wird.«

42 Rohr (2013), S. 164.

43 Vgl. Kapitel 31: Ein neuer Entwurf deines Selbst.

44 Schucman (1994), Lektion 2.

45 Die letzten Zeilen des berühmten Tractatus logico-philosophicus lauten: »Meine Sätze erläutern dadurch, dass sie der, welcher mich versteht, am Ende als unsinnig erkennt, wenn er durch sie – auf ihnen – über sie hinaus gestiegen ist. [Er muss sozusagen die Leiter wegwerfen, nachdem er auf ihr hinaufgestiegen ist.] Er muss diese Sätze überwinden, dann sieht er die Welt richtig« (Wittgenstein 1990, 6.54, S. 85). Und: »Wovon man nicht sprechen kann, darüber muss man schweigen« (Wittgenstein 1990, 7, S. 85).

Literatur

Adler, A. (1972): Individualpsychologie. München/Basel (Ernst Reinhardt).

Adolf-Wiesner, G. (2010): Lichtfluss. o. O. (Roses & Quarks).

Aldinger, M. (2002): Geschichten für die kleine Erleuchtung. Freiburg (Herder).

Allione, T. (2009): Den Dämonen Nahrung geben. München (Arkana).

Bateson, G. (1981): Ökologie des Geistes. Frankfurt/M. (Suhrkamp).

Bauer, J. (2008): Das kooperative Gen: Abschied vom Darwinismus. Hamburg (Hoffmann und Campe).

Bock, P. (2020a): Der entstörte Mensch. München (Droemer Knaur).

Bock, P. (2020b): Interview mit ORF-Redakteur Wolfgang Ritschl in der Ö1-Sendereihe Kontext vom 08.05.2020. ORF, Wien.

Brand, U. u. M. Wissen (2017): Imperiale Lebensweise. Zur Ausbeutung von Mensch und Natur in Zeiten des globalen Kapitalismus. München (Oekom).

Brecht, B. (2017): Buckower Elegien und andere Gedichte. Frankfurt/M. (Insel).

Buber, M. (1962): Das Dialogische Prinzip. Heidelberg (L. Schneider).

Buddha, G. (2002): Dhammapada. Die Weisheitslehren des Buddha. Freiburg (Herder).

Cook-Greuter, S. (2013): Nine levels of increasing embrace in ego development: A full-spectrum theory of vertical growth and meaning making. Wayland (Cook-Greuter).

Dispenza, J. (2014): Du bist das Placebo. Bewusstsein wird Materie, Dorfen (Koha).

Dodson, F. (2014) Paralleluniversen des Selbst. Leipzig (Bohnmeier).

Essen, S. (1995): Spirituelle Aspekte in der systemischen Therapie. *Transpersonale Psychologie und Psychotherapie* 2: 41–53.

Essen, C. (1998): Aufstellungen bei Angstsymptomatik und Panikattacken. In: G. Weber (Hrsg.): Praxis des Familienstellens. Heidelberg (Carl-Auer), S. 305–312.

Essen, S. (2001): Die Ordnungen und die Intuition. In: G. Weber (Hrsg.): Derselbe Wind lässt viele Drachen steigen. Heidelberg (Carl-Auer), S. 98–111.

Essen, S. (2002): Leibliches Verstehen. Wirkungen systemischer Inszenierungsarbeit. In: G. L. Baxa, S. Essen u. A. H. Kreszmeier (Hrsg.): Verkörperungen. Heidelberg (Carl-Auer), S. 59–83.

Essen, S. (2003a): Autopoietische Aufstellungsarbeit. *Praxis der Systemaufstellung* 2/2003: 34–39.

Essen, S. (2003b): Systemische Weltsicht und Bibliodrama. Hamburg (EB).

Essen, S. (2007): Therapie als Prozess des Überschreitens. Sinn und Zweck der Dualität ist die Liebe. Das Personale und das Transpersonale in der systemischen Therapie und die Spiritualität systemischen Denkens. In: K. M. Fischer (Hrsg.): Die Seele ist transpersonal. Beiträge zur Transpersonalen Psychotherapie. Linz (pro mente), S. 65–98.

Essen, S. (2011): Selbstliebe als Lebenskunst. Ein systemisch-spiritueller Übungsweg. Heidelberg (Carl-Auer), 4. Aufl. 2021.

Fingerhut, J., R. Hufendick u. M. Wild (Hrsg.) (2017): Philosophie der Verkörperung. Frankfurt/M. (Suhrkamp).

Flaming, M. (1999): Süße Medizin. Die Lehren der Twisted Hairs. Bd. 1 u. 2. Tübingen (Vier Welten).

Foerster, H. von (1985): Das Konstruieren einer Wirklichkeit. In: P. Watzlawick (Hrsg.): Die erfundene Wirklichkeit. Wie wissen wir, was wir zu wissen glauben. Beiträge zum Konstruktivismus. München (Piper).

Foerster, H. von (1993): KybernEthik. Berlin (Merve).

Foerster, H. von (1997): Wissen und Gewissen. Versuch einer Brücke. Frankfurt/M. (Suhrkamp).

Foerster, H. von u. E. von Glasersfeld (1999): Wie wir uns erfinden. Heidelberg (Carl-Auer), 5. Aufl. 2014.

Foerster, H. von u. B. Pörksen (1998): Wahrheit ist die Erfindung eines Lügners. Heidelberg (Carl-Auer), 12. Aufl. 2019.

Forbes, J. D. (1992): Columbus und andere Kannibalen: Die indianische Sicht der Dinge. Wuppertal (Peter Hammer).

Glasersfeld, E. von (1997): Radikaler Konstruktivismus. Frankfurt/M. (Suhrkamp).

Hanson, R. (2012): Denken wie ein Buddha: Gelassenheit und innere Stärke durch Achtsamkeit. Wie wir unser Gehirn positiv verändern. München (Heyne).

Hanson, R. (2015): Just One Thing. So entwickeln Sie das Gehirn eine Buddha. Freiburg (Arbor).

Hicks, E. u. J. Hicks (2008): The Law of Attraction. Das Gesetz der Anziehung. Berlin (Ullstein).

Hüther, G. (2005): Die Macht der inneren Bilder. Wie Visionen das Gehirn, den Menschen und die Welt verändern. Göttingen (Vandenhoeck & Ruprecht).

Huizinga, J. (1956): Homo Ludens. Vom Ursprung der Kultur im Spiel. Reinbek (Rowohlt).

Kafka, F. (1997): Tagebücher Bd. 2: 1912–1914. Frankfurt/M. (S. Fischer).

Korzybski, A. (1941): Science and Sanity. New York (Science Press).

Kuby, C. (2008): Unterwegs in die nächste Dimension: Meine Reise zu Heilern und Schamanen. München (Kösel).

Laotse (1984): Tao Te King (übersetzt von S. Luetjohann). München (Hugendubel).

Loy, D. (1988): Nondualität. Frankfurt/M. (Krüger).

Macy, J. (1994): Die Wiederentdeckung der Sinnlichen Erde. Wege zum ökologischen Selbst. Bielefeld (Theseus).

Meister Eckehart (1959): Von der Geburt der Seele. Ausgewählte Predigten und Traktate. Gütersloh (Bertelsmann).

Platon (2000): Der Staat. Frankfurt/M. (Reclam).

Rinpoche, S. (1994): Das tibetische Buch vom Leben und vom Sterben. Bern (O. W. Barth).

Rinpoche, T. (2013): Gyu-lü: Die wahre Natur der Erscheinungen. München (Nangten Menlang).

Rohr, R. (2013): Pure Präsenz. Sehen lernen wie die Mystiker. München (Claudius).

Rosa, H. (2016): Resonanz. Frankfurt/M. (Suhrkamp).

Rosenberg, M. B. (2016): Gewaltfreie Kommunikation. Paderborn (Junfermann).

Rumi, M. (2008): Von Allem und vom Einen. München (Hugendubel).

Satir, V. (1976): Mein Weg zu dir. München (Kösel).

Satir, V. (1996): Kommunikation, Selbstwert, Kongruenz. Paderborn (Junfermann).

Schucman, H. (1994): Ein Kurs in Wundern. Gutach i.Br. (Greuthof), 2. Aufl.

Shah, I. (2001): Die fabelhaften Heldentaten des weisen Narren Mulla Nasrudin. Freiburg (Herder).

Singer, T. u. M. Ricard (2015): Mitgefühl in der Wirtschaft. Ein bahnbrechender Forschungsbericht. München (Knaus).

Sölle, D. (1965): Stellvertretung. Ein Kapitel Theologie nach dem »Tode Gottes«. Freiburg (Kreuz).

Suzuki, S. (2001): Zen-Geist, Anfänger-Geist. Berlin (Theseus).

Tipping, C. (2004): Ich vergebe. Der radikale Abschied vom Opferdasein. Bielefeld (Kamphausen).

Tipping, C. (2009): Radikale Selbstvergebung. München (Integral).

Tolle, E. (2005): Eine neue Erde. München (Goldmann).

Varela, F., E. Thompson u. E. Rosch (1992): Der mittlere Weg der Erkenntnis: Die Beziehung von Ich und Welt in der Kognitionswissenschaft – der Brückenschlag zwischen wissenschaftlicher Theorie und menschlicher Erfahrung. Bern (Scherz).

Varga von Kibéd, M. u. I. Sparrer (2016): Ganz im Gegenteil. Heidelberg (Carl-Auer), 9. Aufl.

Walsch, N. D. (1999): Kosmische Weisheit. Gespräche mit Gott. Bd. 3. München (Goldmann).

Walsch, N. D. (2002): Gemeinschaft mit Gott. München (Goldmann).

Welzer, H. (2013): Selbst Denken. Eine Anleitung zum Widerstand. Frankfurt/M. (S. Fischer).

Wilber, K. (1984): Wege zum Selbst. München (Kösel).

Winiecki, M. (2020): Die Rettung liegt im Leben selbst und sie eröffnet sich durch die Kraft der Liebe. Christoph Lang im Gespräch mit Martin Winiecki, 15.05.2020. NatureFlowFachblatt. Feuervogel Genossenschaft für Naturpädagogik in der Schweiz. Verfügbar unter https://infothek-waldkinder.atavist.com/-die-erde-will-nicht-gerettet-werden-die-rettung-liegt-im-leben-selbst-und-sie-erffnet-sich-durch-die-kraft-der-liebe-tamera-martin-winiecki [25.06.2021].

Wittgenstein, L. (1990): Tractatus logico-philosophicus. Frankfurt/M. (Suhrkamp).

Über den Autor

SIEGFRIED ESSEN, Dipl.-Psych., Theologe, Psychotherapeut; ausgebildet in Systemischer Familientherapie, Integrativer Gestalttherapie und Individualpsychologie; leitet Aus- und Weiterbildungen in spirituell-systemischer Aufstellungsarbeit, Selbsterfahrung und Psychotherapie, bietet Coaching und Aufstellung politischer, sozialer und ökologischer Systeme, Bibliodrama und Bühnenarbeit an. Langjähriger Lehrtherapeut für integrative Gestalttherapie und systemische Familientherapie in Deutschland und Österreich. Publikationen u. a.: *Selbstliebe als Lebenskunst. Ein systemisch-spiritueller Lebensweg* (5. Aufl. 2023).

Michael Müller | Christine Erlach

In Aktanz gehen

Wie man hinderliche Geschichten loswird

223 Seiten, Kt, 2024
ISBN 978-3-8497-0551-0

So geht es nicht weiter! – Wie oft fällt dieser Satz, und dann bleibt doch alles, wie es ist: Unsere Art des Wirtschaftens und unser Lebensstil stehen im krassen Widerspruch zum notwendigen Klima- und Umweltschutz; Unternehmen fehlt es angesichts rasanter Veränderungen an Wendigkeit; überforderte Menschen bräuchten Leichtigkeit und Spontaneität, um ihre Situation zu überdenken.

Warum fällt es uns so schwer, tatsächlich etwas zu ändern? Ein Grund ist, dass wir an eingeschliffenen Denkmodellen, Glaubenssätzen und Narrativen festhalten, die unser Handeln (mit)bestimmen. Diese „Störnarrative" waren vielleicht einmal funktional, sind es aber nicht mehr. Jetzt erscheinen sie als alternativlose Wahrheiten und stehen neuem Denken und Handeln im Weg.

Aktanz nennen Michael Müller und Christine Erlach eine Haltung, die es erlaubt, mit Leichtigkeit und offen auf sich verändernde Bedingungen zu reagieren und ihnen auf innovative Weise zu begegnen. Praxisnah vermitteln sie in Beispielen und Mitmach-Experimenten Werkzeuge, die die eigenen Narrative und Glaubenssätze verändern helfen und Wege ins Neue ebnen. In Aktanz gehen können sowohl Einzelne wie auch Organisationen oder die Gesellschaft als Ganze, denn letztlich geht es in allen Fällen um das Gleiche: zukunftsfähig zu werden.

Carl-Auer Verlag • www.carl-auer.de